KB235640

하하호호 꿈을 심는 주일학교 이야기

어린이, 교사, 학부모를 깨우는

하하호호 꿈을 심는 주일학교 이야기

최재윤 지음

국제제자훈련원

"너는 믿는 자를 전도하라."

"믿는 자를 전도하라." 소명을 받을 때 주님이 나에게 하신 말씀이었다. 나는 이해가 되지 않아 하나님께 여쭈었다. "믿는 자를 전도하라고요? 이미 믿고 있는 자를 어떻게 전도하나요?" 그러자 하나님은 내게 분명한 사명을 주셨다.

"교회 안에 말씀을 제대로 믿지 않는 자가 많으니 그들이 말씀을 매일 실천하는, 진짜 믿는 자가 되게 하라."

그때부터 지금까지 그 음성에 순종하여 말씀을 실천하는 일을 우선으로 전하는 사명을 가지고 살아왔다.

그러던 2009년 어느 봄날, 어느 목사님이 찾아와 다짜고짜 그동안 주일학교에서 설교했던 내용을 성경동화책으로 출간했으면 좋겠다고 했다. 나는 당황하여 "저는 국어·영어도 잘 못하고 부족한 점이 너무나 많은데 어떻게 책을 낼 수 있겠습니까?" 하고 말하자 그 목사님은 이렇게 말했다. "내 딸이 목사님의 설교가 너무 재미있대요. 그 설교가 책으로 나왔으면 좋겠다고 매일 조르고 있어서 내가 도저히 견딜 수 없어 왔어요. 그러니 꼭 목사님의 설교가 책으로 나왔으면 좋겠어요." 그 목사님 말씀에 힘을 얻어 나온 책이 어린이 설교를 책으로 만든 "하하호호 꿈을 심는 성경동화 시리즈" 1탄 『옛날, 옛날에 하나님이 만드셨대!』, 2탄 『예수님의 지혜 가득 비유, 깜짝 놀랄 기적』이다.

그리고 오래전부터 해마다 1월이 되면 적당한 크기의 다이어리를 구입하여 내가 매일 묵상한 말씀과 일상적인 계획을 함께 기록하며 활용하고 있었다. 그런데 주변의 주일학교 교사들이 내가 사용하는 다이어리를 보고 자신들도 경건생활과 개인생활을 통합한 다이어리가 있으면 좋을 것 같다고 했다. 솔직히 만드는 과정이 번거롭다는 생각에 일반 다이어리를 사용하라고 권하긴 했지만 계속 마음이 편치 않았다.

이후 설교 노트, 큐티 노트, 일상 계획을 통합한 작은 사이즈의 다이어리를 제작하게 되었다. 주일학교 교사들은 물론, 사랑의교회 제자훈련, 사역훈련생들까지 이 다이어리를 사용하게 되었고 2012년, 『홀리데이 다이어리』를 출판하게 되었다.

이렇게 다이어리를 통해 말씀을 실천하는 삶을 전하게 된 것처럼 이 책의 출간 역시 '믿는 자를 전도'하는 사명을 이루시고자 주님께서 나를 이끄시는 것임을 확신한다.

나는 사랑의교회 어린이 주일학교에서 13년간 사역을 해왔다. 그동안 '믿는 자를 전도하라'는 사명을 따라 어린이와 교사들을 가르쳐 지키는 일에 온 힘을 기울였고, 그 결과 주님의 은혜로 여러 가지 사역의 노하우와 열매를 맺게 되었다.

이 책을 집필하게 된 과정도 어떤 분의 요청으로 시작되어 하나님의 이끄심이라는 것을 확신하며, 이제 주님의 위대하신 주일학교 사역 이야기를 두렵고 떨리는 마음으로 고백하고자 한다.

사도 바울은 예수님을 만나기 전, 자신의 참으로 부족한 모습을 고백했으나, 주님을 극적으로 만나는 과정을 사실적으로 표현했으며, 마지막으로 자신의 비전과 소명이 무엇임을 확증했고, 한평생 그

일에 매진하는 자신의 삶을 가감 없이 그대로 간증했다. 나도 이 책을 통해 먼저 예수님을 만나기 전 형편없었던 나의 영적 유아기 때 모습을 고백할 것이다. 이 과정을 통해 처음 주님을 인격적으로 만나 기도와 말씀생활을 어떻게 시작했으며, 주님을 인격적으로 만나는 것이 얼마나 중요한지를 이야기할 것이다. 그리고 소명을 받아 교사들과 어린이들을 말씀으로 양육했던 일들, 또한 주님이 주신 복음을 효과적으로 전하는 방법을 소개하려고 한다. 마지막으로 주님의 소명을 이루어 가는 과정에서 말씀 실천 캠페인, 학부모 사역, 국내외 선교를 하며 받았던 은혜를 통하여 또 다른 믿는 자를 전도하는 이야기를 나누고자 한다.

그리하여 이 책을 통해 어린이 주일학교 사역자들이 사역의 현장에서 내가 겪었던 시행착오를 겪지 않고, 천하보다 귀한 어린 영혼들과 교사들을 주님의 말씀을 통해 예수님의 제자들로 양육하는 데 도움이 되길 바란다. 또한 주일학교 교사들이 큐티를 통해 어린 영혼을 말씀으로 양육하는 것이 삶에서 얼마나 큰 기쁨과 복이 되는지 실제로 경험하길 바란다. 그리고 어린 자녀를 양육하는 일이 쉽지 않는 이 세대에 모든 부모님들이 자녀들을 한 번 더 말씀으로 사랑하고 자녀들을 위해 한 번 더 기도하는 계기가 되기를 간절히 소망한다.

마지막으로 이 책을 처음 작성하던 중에 내가 받은 성경 말씀은 "내가 나 된 것은 하나님의 은혜로 된 것이니 내게 주신 그의 은혜가 헛되지 아니하여 내가 모든 사도보다 더 많이 수고하였으나 내가 한 것이 아니요 오직 나와 함께 하신 하나님의 은혜로라"(고전 15:10)이다.

주님이 내게 이 책을 쓰는 데 근거로 주신 이 말씀처럼, 이 책을 통해 나의 삶 속에서 잘되고 좋은 것은 하나님의 은혜와 영광으로 고백하고, 안 되고 잘못된 것은 나의 부족함으로 고백하여, 약할 때 강함 되시는 주님만 더욱 의지하고 찬양하길 소망한다.

이 책을 통해 어린이 주일학교 사역자들이 사역의 현장에서
내가 겪었던 시행착오를 겪지 않고, 천하보다 귀한 어린 영혼들과 교사들을
주님의 말씀을 통해 예수님의 제자들로 양육하는 데 도움이 되길 바란다.
또한 주일학교 교사들이 큐티를 통해 어린 영혼을 말씀으로 양육하는 것이
삶에서 얼마나 큰 기쁨과 복이 되는지 실제로 경험하길 바란다.
그리고 어린 자녀를 양육하는 일이 쉽지 않은 이 세대에
모든 부모님들이 자녀들을 한 번 더 말씀으로 사랑하고
자녀들을 위해 한 번 더 기도하는 계기가 되기를 간절히 소망한다.

Contents...

PART 1

게임보다 재미있는
주일학교 이야기

나는 어린 시절, 오락 때문에 즐거웠다면 이제는 예배를 드리고,
교사와 어린이들과 제자훈련하고,
그리고 심방을 하며 가장 큰 기쁨과 즐거움을 누린다.
한없이 재미를 추구하는 이 세상에서
성경 말씀 안에 있는 재미를 다음 세대의 어린이들과 함께 나누며,
살아가는 모든 어린이와 어른이 되길 소망한다.

너는 오락을 잘하니
오락실에 들어오지 마라!

Chapter 01

요즘 초등학교 어린이들이 가장 갖고 싶은 선물은 스마트폰이라고 한다. 최근에 초등학교 2학년인 둘째아들이 "아빠, 저도 스마트폰 가지고 싶어요"라고 말해서 깜짝 놀랐다. 이유를 들어보니 스마트폰으로 자신이 좋아하는 '앵그리 버드' 게임을 할 수 있기 때문이란다. 그렇다고 스마트폰을 사 줄 수는 없어 내가 그 게임을 내려받아 아들이 칭찬받을 일을 할 때마다 상으로 그 게임을 하게 했다. '앵그리 버드' 게임이란, 학원을 여러 개 다녀야 하는 어린이들의 앵그리한(화난) 기분을 풀어 주는 게임이다. 이 게임의 열풍은 정말 대단한데, 초등학생 어린이들의 학용품과 장난감, 인형의 캐릭터로도 선풍적인 인기를 끌고 있으며, 내가 섬기는 유년부에서도 칭찬 선물로 그 캐릭터가 들어간 물건을 구매하여 나누어 주기도 한다. 인기 있는 게임은 어린이들의 생활 전반에 엄청난 영향을 주고 있다.

나도 초등학교 당시 유행하는 놀이를 제법 잘했다. 당시 어린이 놀이로 대표적인 것은 구슬치기와 전자오락 정도였다. 특히 나는 놀이터에서 벌어지던 구슬치기에는 일가견이 있었다. 그래서 우리집에는 늘 구슬이 여기저기 가득했다. 동전이 생기는 날엔 곧장 오락실로 향했다. 가난하여 용돈도 부족하던 그 시절, 동전을 얻기 어려워 엄마가 준 주일헌금으로 오락실에 간 적도 있었다. 그 당시 유행했던 오락 게임으로는 '갤러그', '제비우스' 등 나쁜 비행기나 물체를 자신의 비행기에 있는 미사일이나 총으로 쏘아 맞히는 것이었다. 그리고 전 세계를 도는 '행글라이더', 격투 게임 '태권도' 등도 기억난다.

지금 아이들에게는 다소 시시하게 느껴지겠지만, 당시에는 그것이 그렇게 재미있었다. 그런데 오락실 주인은 나처럼 오락을 잘하는 아이를 싫어했다. 동전 한 개를 넣고 오랫동안 기계 앞에 버티고 있으니, 어느 날 주인은 "너는 오락을 잘하여 전기요금이 많이 나가니 우리 오락실에 오지 마라"라고 일침을 놓았다. 이렇게 경고를 당하고 자주 가던 오락실을 못 가게 되니 속이 상했다. 그런데 반짝이는 아이디어가 생각났다. 아버지의 코트를 입고, 목도리를 두르고 어른 행세를 하며 오락실에 들락거렸다. 재미있는 오락 앞에서는 어떤 방해물도 문제 되지 않았다. 그래서 아주 열정적으로 오락하는 데 몇 년을 바쳤다.

몇 년 전 몇몇 아는 분들과 MT를 갔는데 젊은 후배가 '닌텐도 We'라는 최신형 게임기를 가져왔다. 게임기에서 분리된 막대를 잡고 움직이면 화면에 그대로 움직임이 나타나는 놀라운 기기였다. 그래서 편을 짜서 '테니스' 게임을 했다. 역시나 아직도 예전 실력이 남아 있어서 같이 왔던 스무여 명 중 1등을 했다. 어린 시절 받았던 오락의 은사(?)가 여전함을 확인했던 즐거운 시간이었다.

어른도 재미있는 것을 좋아하지만 어린이들은 재미있는 것을 더 좋아한다. 그래서 어린이 사역을 하는 데 있어 가장 중요한 것 중 하나가 바로 '재미'이다. 그러나 동시에 빠져서는 안 되는 것이 '은혜'이다. 나는 모든 어린이 사역에 이 두 가지 원칙을 적용한다. 특히 설교할 때 '재미' 부분을 강조한다.

유년부 주일 설교로 "여리고성의 여인 라합"을 전했던 적이 있다. 토요일에 리허설을 하는데 설교가 재미가 없어 고민이 되었다. 그러다 주일이 되어 나는 우연히 빨간 넥타이를 매고 설교를 전했다. 정탐꾼을 창문 밖으로 내려 보내는 장면을 설명할 때였다. 라합이 붉은색 커튼을 찢으며 "이 붉은 줄을 타고 내려가세요!"라고 외치는 대목에서 나는 매고 있던 넥타이를 던졌다. 정탐꾼이 그 빨간 넥타이 줄을 잡고 내려가는데, 졸지에 라합이 된 나는 정탐꾼의 무게 때문에 점점 조여 오는 줄을 붙잡고 이렇게 외칠 수밖에 없었다.

"헉헉, 저기요… 좀 빨리 내려가 주시겠어요? 헉헉, 어, 구원받기 힘들어…. 헉, 빨리 내려가 주세요, 헉!" 빨간 넥타이는 구원의 줄이 되었고, 유년부 어린이들은 재미있어하며 넥타이를 잡고자 너도나도 달려들었다. 설교는 재미있게 마무리되었고, 그날의 빨간 넥타이는 예수님께 나아가야 구원을 받는다는 엄청난 메시지까지 확실하게 나누는 큰 역할을 했다.

이렇게 13년간 재미있는 설교를 위해 노력하다 보니 이제는 아이들을 어떻게 웃겨야 하는지도 알게 되었다. 초등학교 2학년 이하의 어린이들은 방귀, 똥, 그리고 동물소리를 내면 잘 웃는다. 그래서 유년부에서 설교할 때 그러한 재미 요소를 중간중간 넣는다. 그러면 설교를 듣는 아이들도 메시지에 더 집중하고 그 메시지를 가슴속 깊이 새겨 오래 기억하게 된다.

나는 어린 시절 오락 때문에 즐거웠다면, 이제는 예배를 드리고, 교사와 어린이들과 제자훈련하고, 그리고 심방을 하며 가장 큰 기쁨과 즐거움을 누린다.

한없이 재미를 추구하는 이 세상에서 성경 말씀 안에 있는 재미를 다음 세대의 어린이들과 함께 나누며, 살아가는 모든 어린이와 어른이 되길 소망한다.

재미있고 은혜로운 어린이 설교 방법

1. 어린이 설교를 위한 실제 준비 단계

1) 원고 초안 작성 : 매주 월요일, 늦어도 화요일까지는 설교 초안을 작성한다. 설교 초안을 작성할 때는 본문을 먼저 묵상하고, 한 가지 핵심을 잡아 이야기식 설교를 준비한다. 분량은 굴림체 11 포인트 행간 간격 160%로 A4 3장 반 분량이 적당하고 절대 4장이 넘어가지 않게 한다.

2) 주중 원고 외우기 : 어린이 설교는 원고를 보지 않고 설교해야 하므로 원고를 외워야 한다. 어디를 가든 원고 초안을 들고 다니며 금요일까지 외운다.

3) 원고 확정 : 금요일이 되면 그동안 외우면서 수정한 것이 어린이 설교 기법대로 되었는지 살피면서 원고를 일단 확정한다.

4) 자가 테스트 : 토요일이 되면 외운 설교문으로 직접 테스트한다. 이때 외운 것과 외우지 못한 것을 구분하고 원고를 최종 확정한다.

5) 주일 당일 점검 : 주일 설교 전 기도실에 가서 설교를 맡기는 기도를 드리고, 그때까지 못 외우거나 거슬리는 부분은 줄 친 것 위주로 다시 외우고 설교한다.

6) 어린이 설교에 실패할 때 : 최선을 다했음에도 아이들의 반응이 없고,

힘이 들 때는 설교를 끝내고 곧장 지하 기도실에 가서 설교를 책임져 달라고 하나님께 기도한다. 그러면 주님은 반드시 설교를 살려 주셨다.

2. 어린이 스토리 설교의 네 가지 기법

1) 동선 : 동선은 이야기식 설교의 핵심으로 이야기가 끊기지 않고 연결되도록 만들어 가는 것이다. 흔히 어른을 대상으로 설교할 때는 전반부, 후반부 순서 없이 이야기를 진행하거나 비유, 직유, 은유 등 여러 가지 문학 기법을 사용하지만, 어린이 스토리 설교는 시간의 순서에 따라 평이하게 진행해야 한다.

> 예) 요셉은 콧노래를 부르며 아버지의 심부름으로 멀리 있는 형들을 만나러 집을 떠났어요. 산을 넘고 넓은 들판을 지나며 사람들과 "안녕?" 인사를 하며 가다 보니 그 먼 길을 금방 가게 되었어요. 형들이 있는 곳에 거의 도착한 요셉은 저 멀리에서 양을 치던 형들이 보이자 반갑게 손을 흔들며 형들에게 점점 가까이 다가섰어요.
> 예) 예수님이 베다니에 계시다가 예루살렘으로 올라갔어요.
> 예) 나인성 과부 이야기 : 과부가 된 사유를 말함 – 나과부, 나가요 – 결혼 – 나가요의 식중독 – 아들도 식중독으로 죽음

이 동선 기법을 잘 쓰면 몇 줄 안 되는 성경 본문에 설교자의 창조적 아이디어를 가미해 긴 이야기로 만들어 갈 수 있다.

2) 묘사 : 묘사는 특정 인물이나 물건, 상황에 대한 설명이다. 묘사 기법의 가장 큰 장점은 성경에서 말하지 못한 부분을 이미지화하여 아이들의 무한한 상상력을 자극하는 것이다. 묘사는 인물의 직접화법을 통해, 또한 전체 해설을 통해 가능하다.

예1) 직접화법

야곱 | 아이고… 너는 엄마 닮아 너무나 예쁘고 멋지구나? 내 사랑스런 아들! 어쩜 넌 남자인데도 그렇게 예쁘니? 피부가 뽀얀 것이 꼭 여자 같아. 너 혹시 화장했니? 아니 우리 아들이 여자인가? 아구… 밑을 보자 앗. 달려 있네! 남자 맞네! 그래, 그런데도 어쩌면 이렇게 아름답고, 얼굴은 갸름하니 여자아이 같구나? 아이고 예쁜 우리 아가….

예2) 간접화법

사람들이 북적거리는 시장 한쪽에 머리가 풀린 채 허름한 옷을 입은 청년들이 벽에 붙어 서 있었어요. 노예로 팔려 갈 청년들이 도망가지 못하도록 그들의 손과 발은 단단한 끈과 쇠사슬로 묶여 있었어요. 그리고 그 앞에는 험악한 인상으로 채찍을 든 사람이 큰 소리로 사람들을 모으며 주의를 집중시키고 있었어요.

3) 재미 : 연령대에 따라 흥미를 끌 수 있는 요소들을 이야기에 넣어 아이들을 웃게 하는 것이다. 이러한 재미 기법은 아이들의 관심을 끌어 설교에 계속 집중할 수 있도록 하는 데 큰 역할을 한다.

예1) "탕자의 비유" 설교 – 어린이들의 노래를 패러디하여 부른다.

아들 | 됐어요. 왜 그러세요? 저를 더 이상 어린아이 취급하지 마세요. 얼른 제 몫을 주세요. 안 주시면 노래를 이렇게 부르며, 아빠를 계속 괴롭힐 거예요. "♫ 아빠 돈 주세요. 저를 놔 주세요. 아빠 돈 주세요, 저를 놓아 주세요"(뮤직설교).

해설 | 둘째아들은 "아빠 돈 주세요" 노래를 계속하면서 아빠의 뒤를 졸졸 좇아다녔어요. 아빠가 ❶ 길을 갈 때도 옆으로 붙어서 "아빠 돈 주세요" 불렀고요, 아빠가 ❷ 화장실에 앉아 있을 때도 화장실 꼭대기에서 "아빠 똥 싸세요, 저에게 돈 주고, 똥 싸세요" 심지어 ❸ 밤에 잠을 자려고 하는데도, 나타나서 "아빠 주무세요, 제게 돈 주고 주무세요"라고 밤낮으로 아빠를 괴롭히며 끈질긴 요구를 하자 아빠가 할 수 없이 말했어요.

아빠 | 알았다. 야, 정말 너는 끈질기구나? 그럼 아들아, 네 몫의 재산이 여기 있다. 이것 갖고 가거라. 이 돈으로 죄를 지으면 안 된다. 그리고 아빠 말을 꼭 기억하렴. "누구든지 하늘에 계신 내 아버지의 뜻대로 하는 자가 내 가족이니라." 너는 이 예수님의 말씀을 꼭 기억하고 예수님의 뜻대로 행하렴. 이 아빠가 한 말 잊지 마라. 알았지?

예2) "오순절 성령 강림" 설교 – 영어, 중국어 패러디

성령사람-영어 | 홀리 스프릿 컴 다운, 에브리바디 조이, 원더풀, 오케이, 빌리브 지저스 크라이스트 오케이?

(영어로 말하자 영국에서 온 유대인 놀라며)

영국인 | 오, 리얼리? 오, 세임 랭귀지. 에브리바디 오케이. 오, 놀라워라. 우리 같은 말을 하네. 이 싸람들, 갈릴리 사람, 어부 출신인데 공부 디따 못해. 어떻게 영어 해? 오, 놀렐루야, 놀렐루야.

(영국에서 온 유대인은 자신과 같은 말을 하는 초대교회 성도를 보고 놀라웠어요.

그러자 또 다른 성령 충만한 유대인이 이번에는 중국 방언으로)

성령사람-중국어 | 워스 성령충만!! 니스 성령충만 마, 내게 강 같은 충만,

믿어. 네수.

(중국어로 말하자 중국에서 온 유대인이 놀라며)

중국인 | 워스 중꾸어런. 니스 유대인, 앗, 화장실 가고 싶어? 중국말로

하면 어떻게 말해? 이렇게 말해. 어따 똥쏴. 나 어따 똥쏴?

(그러자 중국말로 방언하던 유대인이 친절하게 말해 주었어요.)

성령사람-중국어 | 여따 똥쏴~

해설 | 자신의 나랏말로 화장실을 친절하게 알려 주자 중국에서 온 중

국 유대인은 매우 좋아했어요.

4) 인물을 통한 주제 선포(카타르시스) : 어린이 스토리 설교에서 가장 중요
한 부분으로 설교의 목적은 결국 이것을 선포하는 것이다. **동선 – 묘사
– 재미**로 이어진 성경 이야기 마지막에 중심 인물을 통해 메시지를 강
력하게 전한다. 이것은 뒤이어 나오는 **질문 – 대답 – 함께 외침**으로 이어
지면서 성경의 주제를 명확하게 아이들에게 전달한다.

예) 요셉 설교의 경우 – "하나님이 주신 꿈을 간직해요"

아버지 | 뭣이라고? 내 사랑하는 요셉아, 네가 꾼 꿈대로라면 나와 엄마
와 네 형들이 모두 너를 왕으로 모신다는 것이냐? 어떻게 그런 일이 일
어날 수 있느냐? 이번엔 네가 잘못한 것 같다. 형들에게 사과하고 용서
를 구하거라.

요셉 | 네에! 아버지, 그래도 이 모든 꿈은 하나님이 주셨으니 저는 소중

히 간직할래요. 저는 그래도 이 꿈을 평생 간직하겠어요.

야곱 | 알았다.

해설 | 아버지 야곱은 요셉의 꿈 이야기를 듣고 마음이 좀 언짢았지만, 그 꿈 이야기를 마음에 새겨 두었어요. 요셉은 이렇게 형들이 자신의 꿈을 싫어했어도 힘들지만 자신에게 주신 하나님의 꿈을 노트에 적고, 이 꿈을 평생 간직하기로 다짐했답니다.

사랑하는 유년부 친구들!

질문 1 | 요셉은 어떤 꿈을 꾸었고, 꿈 이야기를 들은 형들은 어떻게 했나요?

대답 1 | 그래요. 볏단이 절하는 꿈, 해달별이 절하는 꿈을 꾸었어요. 그리고 꿈 이야기를 하는 요셉을 시기하고 미워했어요.

질문 2 | 그러면 요셉은 자신의 꿈을 포기했나요?

대답 2 | 아니요. 요셉은 그 꿈을 기록하고, 평생 간직하며 기도했고 하나님이 주신 꿈을 기대했어요.

4가지 중 동선, 묘사, 재미 기법은 모두 아이들의 시선을 유도한다. 동선으로 머릿속에서 이야기를 이어가게 하고, 묘사로 대상 인물이나 물건을 그리게 하고, 재미로 시선을 집중시킨다. 그리고 마지막에 카타르시스 기법으로 설교에 은혜를 받게 하는 것이다.

3. 어린이 설교를 잘하기 위한 준비들

첫째, 동화책을 많이 본다. 나는 늘 집에서 아이들에게 동화책을 읽어 주면서 그 안에 있는 기법들을 살피고 이야기식 설교에 다시 한 번 적용해 본다.

둘째, 텔레비전 개그 프로그램을 많이 본다. 특별히 스토리보다는 개그맨들이 어떻게 특이한 목소리를 내는지 살핀다. 그 목소리를 흉내 내다 보면 다양한 목소리를 낼 수 있고, 이런 훈련은 재미 기법에 큰 도움이 된다.

셋째, 중요한 것은 자신이 말씀에 은혜받고, 그 말씀의 주제에 확신이 있어야 한다. 그것을 교사들과 나누고 설교에서 확실하게 카타르시스 교훈 선포를 한다.

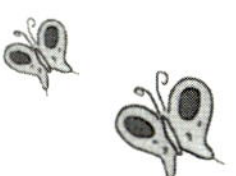

어른도 재미있는 것을 좋아하지만
어린이들은 재미있는 것을 더 좋아한다.
그래서 어린이 사역을 하는 데 있어
가장 중요한 것 중 하나가 바로 '재미'이다.
그러나 동시에 빠져서는 안 되는 것이 '은혜'이다.
나는 모든 어린이 사역에 이 두 가지 원칙을 적용한다.
특히 설교할 때 '재미' 부분을 강조한다.

잠언 말씀을 읽으면
정말 공부를 잘하게 되나요?

Chapter 02

나는 초등학교 때 구슬치기와 전자오락에 몰두하다 보니, 즐겁게 지내기는 했으나 성적은 좋지 않았다. 중학생이 되어 첫 시험을 보았는데, 반 아이들 50여 명 중에 30등 정도를 했다. 교회생활도 성실하지는 않아 부활절이나 크리스마스에 어느 교회에서 선물을 준다고 하면 바로 그 교회로 옮기는 철새 같은 신앙생활을 했다.

그런 가운데 한 친구가 맛있는 것을 많이 준다며 자신의 교회로 초청했다. 그 교회에 갔더니 친절해 보이는 전도사님이 라면을 아주 맛있게 끓여 주셨다. 라면을 먹고 난 뒤, 전도사님이 내게 물으셨다. "너, 공부 잘하고 싶니?" 나는 "네! 공부를 잘하고 싶어요" 하고 주저 없이 대답했다. 그러자 기다렸다는 듯이 전도사님은 "성경 가운데를 열면 시편이 나오고, 그 바로 옆에 잠언이 있는데, 공부하기 전에 잠언 말씀을 꼭 읽어 보렴. 이 성경 말씀을 매일 보면서 공부하면 공부를 잘하게 된단다." 나는 놀라운 소망을 발견한 듯 뛰는 가슴을 진정시키며 "전도사님, 정말 잠언 말씀을 읽고 공부하면 공부를 잘하게 되나요? 정말이요?"라고 말하고 집에 돌아와 당장 잠언을 읽을 준비를 했다.

당시 나는 순진한 면이 있어서 전도사님의 말씀대로 하면 정말 그렇게 되는 줄 온전히 믿었다. 그리고 공부하기 전에 열심히 잠언을 읽었다. 그런데 며칠 지나지 않아 잠언 말씀을 읽다 보니 자꾸 잠만 와서 '이 성경 이름이 잠을 자는 책 즉 '잠'언이구나!'라고 생각했다. 그러던 어느 날, 그날도 공부하기 전에 잠언을 읽는데 6장 10-11절의 "좀더 자자, 좀더 졸자, 손을 모으고 좀더 누워 있자 하면 네 빈궁이 강도 같이 오며 네 곤핍이 군사 같이 이르리라"는 말씀이 확 다가왔다. 공부할 때 졸고 게으른 생활을 하면 평생 가난하게 된다는 말씀이 충격이었다. 그래서 이 말씀을 적어 책상 앞에 붙여 놓았다. 그런데 신기하게도 공부하다가 졸릴 때 이 말씀만 보면 졸리지 않았다.

오락을 하거나 텔레비전을 보면 졸음이 오지 않는데, 책상 앞에 조금만 앉아 있어도 잠이 오는 이유를 그때는 몰랐다. 그런데 나중에 성경 말씀을 묵상하면서 그 이유를 알게 되었다. 원래 우리는 모

　　　　　　　　　　　　　　　1부 게임보다 재미있는 주일학교 이야기

두 에덴동산에서 뛰어다니며 놀도록 창조되었지만, 문명이 발달하여 인간들은 어쩔 수 없이 살아가는 데 필요한 지식을 얻기 위해 책상에 앉아야 한다. 복잡한 사회에서 살아가기 위해 알아야 하는 지식이 점점 많아져 공부하는 시간이 늘어나게 된 것이다. 그러다 보니 우리 몸이 책상에 앉으면 자연스레 졸리게 되는 것이다.

중학교 때 읽은 잠언 말씀을 통해 나는 내가 가진 위대한 꿈을 이루기 위해서는 공부를 열심히 해야 하며, 공부를 하려면 집중력과 성실함이 필요하다는 깨달음을 얻었다. 또한, 이전에는 교회에서도 뒤에 앉아 장난만 치곤 했는데 깨달음을 얻은 후부터는 앞자리에서 예배에 집중하게 되었고, 찬양도 곧잘 따라 부르게 되었다. 이 모두가 하나님 은혜였다.

어느덧 중학교 2학년이 되어 첫 중간고사를 치렀다. 술술 풀려서 선생님께서 문제를 쉽게 내셨다고 생각했다. 그런데 아리송한 문제에서 답이 헷갈렸다. 답을 찍는 수밖에 없었다. 어떻게 할까 하다가 갑자기 찬양을 하면서 찍어야겠다는 생각이 들었다. "나 주의 믿음 갖고 홀로 걸어도 나 주의 믿음 갖고 실망치 않네." 찬양이 끝나는 마디에 답을 찍었다. 그리고 마지막에 하나님께 감사의 기도를 올려 드리며 시험을 마무리했다.

몹시 궁금했던 중간고사 결과가 나왔다. 떨리는 마음으로 성적표를 보는 순간 온몸이 마비되는 줄 알았다. 생전 처음 받아 보는 성적, 1등을 한 것이다. 당시, 과외를 받지도 학원에 다니지도 않았기 때문에 전적으로 하나님께서 지혜를 주셔서 그렇게 되었음을 확신할 수 있었다. 자랑스럽게 성적표를 부모님께 보여드리자 부모님께서 몹시 기뻐하셨다. 두 분은 "우리 집안에 우등생이 났구나, 경사가 났다"라고 하시며 용돈을 5,000원이나 주셨다. 그러면서 하고 싶은 것을 다 하라고 하셨는데 그때만 해도 떡볶이 1인분에 100원 하던 시절이라 그 돈은 정말 큰돈이었다.

그 후 나는 잠언을 많이 읽고 말씀대로 공부하여 중학교 3학년 때는 전교 5등까지 하게 되었다. 고등학교, 대학교 때에도 하나님께 가까이 가면 성적이 오르고, 하나님과 멀어지면 성적이 떨어지는 경험을 했다. 이렇게 나는 공부를 잘하고 못하고의 여부는 모두 하나님께 있다는 것을 학창시절에 직접 체험하며, '하나님을 경외하는 것이 지식의 근본'이라는 것을 확실히 깨닫게 되었다.

잠언이 말하는 중요한 공부 방법

다음은 공부 잘하는 방법을 알려주는 잠언 1장 7절의 말씀으로 어린이 주일학교 학부모 기도회 때 나눈 내용이다.

"여호와를 경외하는 것이 지식의 근본이거늘 미련한 자는 지혜와 훈계를 멸시하느니라"(잠 1:7).

사실 공부의 본질적인 성격은 원래 수동적이다. 공부를 능동적으로 좋아하는 사람은 100명 중 1-2명 정도인데, 이런 사람들은 노는 것보다 공부를 즐겨 대개 학자나 교수가 된다. 그러나 그런 사람은 많지 않다. 이렇게 공부를 좋아하는 사람이 확률적으로 적은 것이 당연한데, 부모가 자녀에게 무조건 공부를 강제하면 자녀는 반감만 더 일어날 뿐이다. 그럼에도 부모는 자녀의 가벼운 엉덩이를 의자에 앉혀 공부하는 습관을 들이게 하고, 자신의 꿈을 이루거나 무언가 원하는 것을 얻기 위해서는 공부해야 한다는 것을 지혜롭게 알려 주어야 한다.

예전에 1차 농업 시대에서는 본능에 따라 씨를 뿌리고 열매를 거두는 단순한 삶을 살았기 때문에 특별히 공부를 하지 않아도 사는 데 문제가 없었다. 그러나 지금은 4차 정보화 시대로 게임, 인터넷, 심지어 휴대전화를 사용하기 위해서도 먼저 그에 관련된 공부를 해야 하는 시대이기에 자녀에게 공부를 해야 한다는 동기를 제공하는 것이 중요하다.

물론, 의자에 앉는다고 모두 집중하는 것은 아니다. 앉은 자리에서 하나님이 내 앞에 계신다고 생각하고, 잠언의 말씀처럼 하나님을 경외하듯 공부를 하게 해야 한다. 하나님 앞에서 공부를 하게 되니 다리를 떨거나 잡념에 빠진다거나 억지로 공부하기는 어렵다. 이때 놀랍게도 아이들에게서는 "수동적 자발성, 혹은 피동적 자발성"이 나타나게 된다. 이것은 아주 중요한 용어로, 공부는 수동적인 성격을 띠지만 하나님의 공의, 즉 뿌린 대로 거두는 원리와 게으른 자는 그 대가를 지불하게 된다는 원리를 생각하며 하나님을 두려워하는 순간, 우리의 피동적 의지가 저절로 자발적인 의지가 된다는 것이다.

중요한 것은 하나님만이 그렇게 하실 수 있다는 것이다. 부모들이 이러한 말을 하여 자녀들이 자발적으로 공부하게 하려고 해도, 우리의 비논리성, 비공의성 때문에 자녀가 부모를 스스로 존경하고 경외하기는 어렵다. 그러기에 하나님께서 지켜본다고 인식하고 공부에 임하게 하면 놀랍게도 능동적으로 열심히 하게 된다.

만약 하나님이 알려 주시는 지혜와 훈계대로 하지 않으면 어떻게 될까? 바로 '미련한 자'가 된다. 이러한 사실을 우리는 역사 속 사실을 통해 알 수 있다. 동시대에 살았던 두 인물, 조나단 에드워즈 Jonathan Edwards 와 마커스 슐츠 Marcus Scgultz의 대조적인 이야기를 들으면 우리가 하나님을 경외하는 것이 얼마나 중요한지 잘 알 수 있다.

에드워즈는 보수 신학자로서, 자녀가 하나님을 경외하도록 매일 말씀으로 가르쳐 양육한 결과 자신의 5대손들이 모두 대학총장, 교사, 의사, 목회자, 저술가, 변호사와 판사 등 법조인, 공무원, 그리고 부통령, 상·하원 의원 등 소위 공부를 잘하여 얻게 되는 직업들을 갖게 되었다. 반면 불신자이면서 뉴욕에서 술집을 경영하여 거부가 된 슐츠는 가정에서 하나님을 경외하지 않고, 의식주 정도만 제공하는 것으로 자녀를 방치한 결과 교도소에 갇힌 후손이 96명, 정신병자나 알코올 중독자 58명, 창녀 65명, 영세민 286명 등으로 나타났으며, 이들 때문에 정부에서 지출한 국고금은 무려 1억 5,000만 달러나 되었다.

잠언의 말씀처럼 여호와를 경외하면 공부를 잘하여 시대의 인물이 되어 쓰임을 받지만, 여호와의 훈계와 지혜를 멸시하면 미련한 자가 되어 잘못된다는 사례이다.

주일학교 학부모들에게 이러한 잠언의 말씀과 사례를 알려 주었다. 그리고 그 자녀들이 공부를 잘할 수 있도록 하나님께 더 가까이 가도록 말씀으로 독려했다. 그러자 사랑의교회 어린이 주일학교 학생들이 놀랍게도 잠언의 말씀처럼 하나님을 경외하게 되며 공부 또한 잘하게 되었다.

어떤 어린이는 "풍랑 위를 걸으신 예수님"이라는 설교를 듣고 다음과 같이 목표를 정하고, 실천했다.

추상적 목표

믿음은 시선 집중이다! 항상 하나님께만 시선을 집중하고 시선을 다른 데로 돌리지 않는 내가 되자!

구체적 목표

1. 항상 큐티하는 시간을 정해 그 시간만이라도 하나님께 시선을 고정하기

2. 하루 다섯 번 이상 기도하기

적용

1. 자기 전 한 시간을 내어 꼼꼼히 큐티를 하자.
2. 아침에 일어날 때, 아침 점심 저녁을 먹을 때, 잠잘 때 이렇게 다섯
   번 기도하자.

근거 말씀

"그러므로 내가 너희에게 말하노니 무엇이든지 기도하고 구하는 것은
받은 줄로 믿으라 그리하면 너희에게 그대로 되리라"(막 11:24).

간증

나는 이 설교 말씀을 실천함으로 하나님께 한걸음 더 다가갈 수 있게 되었다. 내가 정한
근거 말씀처럼 "무엇이든지 기도하고 구하는 것은 받을 것"이라는 걸 나는 직접 체험했다.
나는 하루 다섯 번 기도하면서 "제발 이번 대회에서 상을 받게 해주세요"라고 매일 기
도했다. 하나님께 기도하고 또 기도하면 힘이 더 솟아나는 것 같았다. 그 결과 나는 최우수
상을 받았다.

또한, 어떤 어린이는 잠언 1장 7절의 말씀을 큐티하며 이렇게 말했다.

오늘의 말씀 : "여호와를 경외하는 것이 지식의 근본이거늘 미련한 자는
지혜와 훈계를 멸시하느니라"(잠 1:7).

간증 : 나는 요즘 시험을 자주 봐서 공부를 많이 하는데 가끔 하나님을 까먹는다. 그래서 기

도를 많이 한다. 아무리 공부를 많이 해도 하나님을 까먹으면 공부를 못하게 된다는 것을 이 말씀에서 배웠다. 앞으로는 하나님을 높이고 경외해야겠다. 기도하고 매일 찬양할 것이다.

분명히 이 친구는 어린 시절의 나처럼 하나님을 경외함으로 공부를 잘하게 되었을 것이다.
또 다른 친구는 이렇게 고백했다.

오늘의 말씀 : "내가 네 말대로 하여 네게 지혜롭고, 총명한 마음을 주노니 네 앞에도 너와 같은 자가 없었거니와"(왕상 3:12).

간증 : 학교에서 수학 문제를 풀 때, 선생님이 자꾸 틀렸다고 하셨다. 하나님께 지혜를 달라고 말씀을 생각하며 기도하고 했는데, 선생님이 다시 맞다고 하셔서 하나님께 감사를 드렸다.

마지막으로 한 친구는 이렇게 고백했다.

간증 : 하나님께서 기쁨으로 예배하라고 말씀하셨다. 그래서 새벽 6시에 일어나 잠언을 읽고, 큐티하고 예배 드리고, 기도했다. 그랬더니 하나님께서 이 예배를 받으시고 지혜를 주셨다. 그래서 수학 연습도 잘 풀고, 기탄수학도 잘 풀었다. 이제부턴 하나님을 더 존경해야겠다.

우리가 평생 이 땅을 살아가면서 공부할 때 하나님을 경외하는 마음을 품기를 소망한다. 그러기 위해 세상에서 가장 지혜로운 성경인 잠언의 말씀을 먼저 읽으며 지혜를 받아 공부해야 하겠다.

우리 어린이들이 모두 잠언의 말씀대로 공부하여 솔로몬처럼 놀라운 지혜를 받아 하나님께 영광을 돌리며, 하나님이 주시는 위대한 꿈을 이루길 소망한다.

주님, 세상 것들이
더 사랑스럽게 보여요!

Chapter 03

나는 잠언의 말씀으로 집중력이 생겨 공부를 잘하게 되었고, 주님을 더 의지하는 마음으로 예배를 잘 드리며 청소년 시절을 보냈다.

그러던 어느 날, 한 자매가 눈에 띄었다. 천사의 모습이었다. 그녀의 이름만 들어도 기분이 좋고, 그녀의 모든 행동과 삶이 나의 일기가 되었다. "그녀가 내 옆에 앉았다", "그리고 웃었다", "나는 그녀와 함께 두 시간여를 같이 있었다" 등 주님과 동행하는 것이 내 관심이 아니라 그녀와 동행하는 것이 내 삶의 관심이 되어 그녀와 관계된 것은 무엇이든 적었다.

이러한 이성을 향한 관심은 청소년 시절뿐 아니라 대학에 들어가서도 계속되었다. 소심하고 숫기가 없던 나는 대학 1학년 때 처음 미팅을 했다. 종로3가 어느 커피숍에서 여대생들과 만났는데, 어찌나 떨리던지 아무 말도 못 하고 가만히 있었다. 계속 말이 없는 내가 답답했던지 앞에 있는 여대생이 "어디 사세요?" 하고 내게 물었다. 나는 홍대 입구 옆에 연남동에 산다고 대답하려 했는데, "저는 호호 호호 홍대에 삽니다" 하고 말을 더듬었다. 그러자 두 여대생이 까르르 웃음을 터뜨렸다. "저기 이분 아버지가 총장님인가 봐, 홍대에 사신대, 호호호." 그 말에 나는 완전히 주눅이 들어 말 한마디 제대로 못했다. 그저 "네"라는 대답만 두어 번하고 헤어졌다. 집에 오자 긴장이 풀려 오후 4시경에 잠이 들었다가 다음날 오전 11시까지 일어나지 못했다. 허탈했다. 이대로 있다가는 앞으로 결혼하기도 무척이나 어려울 것 같았다.

그날 이후 내 인생 최대 목표를 '미팅'으로 잡았다. 그래서 동기, 선배들을 보기만 하면 무조건 미팅을 주선해 달라고 졸랐다. 그리고 미팅에 성공하기 위해 자료를 수집하였다. 데이트하기 좋은 장소부터 첫 만남에 무엇을 말해야 하는지, 심리학, 인간관계론, 심리테스트까지 여러 가지 자료를 노트에 정리해 익히기 시작했다. 그때 유행하던 심리테스트만 서른 개 정도 외웠던 것 같다. 그리고 그 내용을 스스로 테스트해 보기도 했다. 그 당시에 내가 정리한 내용 중에는 전도할 때 도움이 되는 내용도 많은데 그중 일부를 소개한다.

1단계 : 공통적 진술 대화법

사람을 처음 만나면 상대방과 나 사이에 보이지 않는 벽이 있다. 그러한 벽을 서서히 허물지도 않은 채 그냥 사생활을 침범하는 질문을 하면 바로 대화가 막히고, 관계에 진전도 일어나지 않는다. 그래서 필요한 것이 '공통적 진술 대화 기법'이다. 이것은 상대방까지 공통적으로 느끼는 것을 진술하는 것이다. 예를 들어 식당에서 처음 사람을 만났다면 "이곳 조명이 다른 집에 비해 밝네요", "이곳 음식이 맛있네요", "서빙하는 분들이 참 친절하죠?" 등 함께 느끼고 있는 것을 그대로 말하는 것이다.

2단계 : 유머러스 대화법

2단계로 넘어가면 서서히 허물어지고 있는 관계의 벽을 한꺼번에 허무는 대화법이 필요하다. 그것은 '유머러스 대화법'이다. 최근에 유행하는 웃기는 이야기나 심리테스트 등을 재미있게 이야기하여 상대방의 웃음을 이끌어 내는 것이다. 상대방이 미소를 짓고 웃으면 3단계로 넘어간다.

3단계 : 서로 알아 가는 대화법

서로를 알아 가는 질문 대화법으로 이어져야 한다. "하하하, 그런데 선생님은 어디에 사시죠? 무엇을 전공하고 있죠? 하시는 일은 무엇인가요?" 처음부터 사는 곳이나 하는 일을 물이런 것을 터득하고 미팅에 나가자 나는 어느덧 미팅 자리에서 말 잘하는 남자가 되어 있었고, 여러 사람이 내게 자문을 구하기도 했다. 지금 생각해 보면 '그 많은 미팅과 만남의 시간에 왜 복음을 전하지 않았을까?' 하는 아쉬움과 후회가 밀려온다. 세상의 것에 관심이 많아 복음을 전할 수 있는 좋은 기회를 놓쳐 버린 것이다.

그러나 나는 세상에 깊이 빠지지 않고, 복음을 전해야 한다는 사명을 다시 깨닫고 주일학교 교사가 되어 '놀이터 전도'와 '손가락 전도법'을 개발하여 복음을 전하기 시작했다. 그리고 신학대학원 시절에는 119 전도단 동아리에 들어가 본격적으로 어린이 노방전도를 하게 되었다. 전직 경찰이셨던 한 전도사님과 함께 차에 어린이 찬양을 틀어놓고, 여기저기를 다니며 노방전도를 했다. 뚱뚱하던 전도사님과 날렵했던 나는 '뚱뚱이와 홀쭉이 노방전도 율동단'을 만들어 춤추고 찬양하며 아이들의 시선을 끌었다. 모여든 아이들에게는 복음의 가장 핵심적인 내용을 전할 때까지 질문하지 못하게 사탕을 물렸다. 그리고는 '손가락 전도법'을 이용해 열심히 복음을 전했다.

다음은 손가락 전도법에 대한 설명이다.

가장 쉬운 어린이 전도 방법 : 손가락 전도법

〈친구야, 천국에 같이 가자! – 손가락 이야기〉

1. 첫 번째 손가락

첫 번째 손가락을 내밀며 상대방을 이 세상에서 최고의 존재라고 칭찬해 준다.

"어쩌면 그렇게 잘 생겼니?", "어쩌면 그렇게 예쁘고 멋지게 생겼니?" 칭찬은 사람의 마음을 열 뿐만 아니라 상대방이 하나님의 형상대로 창조되었음을 알게 한다. "하나님의 형상대로 사람을 창조하시되"(창 1:27). 하나님은 최초의 사람인 아담과 하와를 하나님의 형상대로 멋지고 아름답게 창조하셨다.

> **하와** | 아담, 하나님이 너무 좋아요. 하나님을 더욱 사랑해요. 아이 좋아라.
>
> **아담** | 그래, 그래. 나도 하나님이 너무나 좋아. 우리를 창조하신 하나님 아버지 사랑합니다.

첫 번째 손가락을 보면서 우리는 하나님의 형상을 입은 소중한 존재로 창조되어 아름답고 행복한 삶을 살 수 있는 귀한 존재임을 가르친다.

2. 두 번째 손가락

두 번째 손가락으로는 말로, 혹은 마음으로 사람들을 미워하고 비난하
며 놀린다.

> **남자아이** ┃ 야, 너 나한테 혼날래! 너 교회에 나가지 마. 까불지 마! 내가
> 너를 괴롭힐 거야!
>
> **여자아이** ┃ 야, 못생긴 애야! 네가 교회를 간다고? 보이지도 않는 하나님
> 이 어디에 있다는 거니? 거기다가 돈까지 내야 하는 이상한 곳에 너 같
> 은 바보나 가라고! 가지 마! 흥!

"모든 사람이 죄를 범하였으매 하나님의 영광에 이르지 못하더니"(롬
3:23). 성경대로 모든 사람은 죄를 짓는다는 것과 인류 최초의 사람인
아담과 하와가 그만 마귀(뱀)에게 유혹을 당하여 죄를 지었음을 가르
친다.

> **사탄** ┃ 켈켈켈… 하와를 꼬셔야겠군. 하와! 하와!
>
> **하와** ┃ 넌 뱀 아니니? 엇, 징그러운 뱀. 너 나한테 할 말 있니?
>
> **사탄** ┃ 하와, 이 과일 좀 먹어봐. 너무나 맛있다. 이것을 먹으면 더 예뻐
> 지고 하나님처럼 될 수 있어. 한번 먹어 봐. 이것 봐. 맛있겠지?
>
> **하와** ┃ 앗, 저것은 하나님이 먹지 말라고 한 선악과잖아! 가만히 보니
> 먹고 싶은 생각이 든다. 정말 저걸 먹으면 하나님같이 될 수 있을까?
> 아담에게도 먹여야겠다. 아담, 이것 먹어 보세요!
>
> **아담** ┃ 앗, 이것은 선악과! 하나님이 먹지 말라고 했지만 아내가 준 것
> 이니 맛있게 먹어야지.

하와는 사탄의 유혹에 넘어가 하나님이 먹지 말라고 한 선악과를 먹었고 아담에게도 먹게 하여 같이 죄를 지었다. 우리 인류의 조상인 아담과 하와가 실제로 사탄의 유혹에 넘어가 죄를 지었기 때문에 그의 자손인 우리도 모두 죄인이 되었다는 것을 전한다. 그래서 사람은 하나님께 가고 싶어도 죄라는 골짜기 때문에 하나님께 갈 수 없게 되었다는 사실을 알려 준다.

여자아이 ｜ 달려라 하니~ 하나님, 하나님께 가고 싶어요. 갈래요. 아….

여자아이는 하나님께 가려다 그만 깊은 죄의 골짜기에 빠지고 말았고, 하나님께 갈 수 없는 사람들은 결국 지옥에 가게 되었다.

사람들 ｜ 앗, 뜨거! 으악, 살이 타고 있어!
남자아이 ｜ 아, 뱀들이 물고 있어! 아, 살려 줘!
여자아이 ｜ 앗, 내 피! 피가 쏟아지고 있어! 으악….

지옥은 죄인들이 가게 되는 무시무시한 장소이며 실제로 존재함을 알려 준다. 두 번째 손가락을 보면서 모든 사람이 죄를 지어 지옥에 갈 수밖에 없으며 우리는 모두 죄인임을 깨닫게 한다.

3. 세 번째 손가락

다섯손가락 중에서 하나님께 갈 수 있는 가장 긴 손가락은 무엇인지 퀴즈를 내어 세 번째 손가락은 바로 "예수님 손가락"임을 소개한다.
"하나님이 세상을 이처럼 사랑하사 독생자를 주셨으니 이는 그를 믿는 자마다 멸망하지 않고 영생을 얻게 하려 하심이라"(요 3:16). 이 말씀을 통해 영생, 곧 천국에 가려면 예수님의 길로만 가야 함을 설명한다.

> **남자아이 1** | 어, 뭐야? 왜 저 친구만 천국 가는 거야? 나는 착한 일도 많이 했는데 왜 못 가는 거야?
>
> **남자아이 2** | 그러게…. 나는 공부 열심히 해서 만날 전교 1등 했는데, 왜 내가 천국에 못 가는 거야?
>
> **여자아이 3** | 그러게, 나는 예쁘게 생겼지? 집안 좋지? 돈도 많아. 왜 내가 천국에 못 가는 거야? 얘! 너는 어떻게 했더니 천국에 가는 거니?
>
> **여자아이 4** | 응. 난 예수님을 믿었고, 예수님 말씀대로 살았어. 그리고 내 마음에 예수님을 모시고, 매일 예수님과 함께하는 생활을 했단다. 그러니 너희도 예수님을 믿으렴.

우리는 아무리 선행을 많이 하고 도덕적으로 살아도 하나님을 만날 수 없다. 오직 예수님을 믿어야만 천국에 갈 수 있으며, 오직 예수님만이 하나님을 만나는 유일한 길임을 강조한다.

"내가 곧 길이요 진리요 생명이니 나로 말미암지 않고는 아버지께로 올 자가 없느니라"(요 14:6). 예수님의 말씀처럼 세 번째 손가락을 보면서 예수님을 믿어야 하나님(천국)께 갈 수 있다는 것을 알려 준다.

4. 네 번째 손가락

결혼할 때 어떤 손가락에 반지를 끼게 되는지 문제를 내며 네 번째 손가락을 소개한다. 예수님을 영접하면, 하나님께서 우리를 당신의 자녀로 삼아 반지를 끼워 주신다는 것을 이야기해 준다.

"영접하는 자 곧 그 이름을 믿는 자들에게는 하나님의 자녀가 되는 권세를 주셨으니"(요 1:12). 이 말씀을 통해 예수님을 영접하면 하나님의 자녀가 될 수 있음을 소개한다. 하나님의 자녀가 되면 천국에 가게 되고 천국은 눈물도 아픔도 병도 없는 영원한 기쁨과 행복이 있는 곳임을 알려 주고, 마지막으로 영접기도문을 따라할 수 있도록 도와준다.

"여러분은 어디로 가고 싶나요? 예수님을 영접하여 천국에 가고 싶나요? 아니면 죄를 많이 짓고, 지옥에 가고 싶나요? 이 시간에 천국에 가고 싶은 친구들만 두 눈을 감고, 두 손을 모으고 따라해 보세요. 혹시 영접한 친구들은 아직 영접하지 않은 가족과 친구를 놓고 함께 따라해 주세요.

예수님! 저는 그동안 죄인으로 살았어요. 이제는 예수님을 만나고 싶어요. 저의 마음을 열고 초청하오니 와 주세요. 예수님께서 하나님으로 오시고, 그리스도로 오시고 저의 구세주로 와 주세요. 오신 줄로 믿습니다. 이제부터는 하나님의 자녀로 살겠습니다. 매일 말씀 읽고, 기도하며, 찬양하며 살겠습니다. 저를 인도해 주세요. 예수님의 이름으로 기도 드립니다. 아멘."

5. 다섯 번째 손가락

마지막으로 남은 손가락을 보여주며 하나님의 자녀로서 교회에 나가 기쁘게 예배 드리고 신앙생활하기를 새끼손가락으로 약속한다.

나는 손가락 전도법으로 많은 어린이들과 어른들에게 복음의 핵심을 전하고 예수님을 영접하도록 도왔다. 어린 시절 내 모습처럼 세상에 빠진 채 복음을 모르는 사람이 너무 안타까워 시간과 장소를 가리지 않고 복음을 전하게 되었다.

하나님은 내가 가진 관심을 통해 보다 효과적으로 복음을 전할 수 있도록 이끌어 주셨다. 나는 복음을 전하기 전, 상대방의 마음을 열기 위해 세계지도를 보여주며 기독교의 역사성을 증거하기 시작했다.

기독교의 역사는 복음의 길을 보면 쉽게 알 수 있다. 먼저 예루살렘에서 복음이 선포되자 초대교회에 부흥이 일어났고, 이 부흥의 불길은 스데반 순교 사건으로 바울을 통해 복음의 길로 확장된다. 바울은 동양 쪽에 복음을 전하려고 했으나 성령의 인도하심을 받아 서양 쪽으로 향하여 그는 로마에까지 이르게 된다. 로마는 기독교를 받아들여 세계 최대의 제국이 되었고, 복음은 유럽까지 퍼지게 된다. 예전에 야만 민족이었던 유럽 민족에게 복음이 전파되자 그곳이 세계의 중심이 되었고, 복음의 역사로 프랑스, 독일, 스페인 등이 세계 최고의 나라가 된다. 스페인의 무적함대, 프랑스 나폴레옹의 유럽 제패, 독일의 세계대전 등 결과가 나빠서 그렇지, 복음이 들어간 나라에는 놀라운 발전이 있음을 세계사를 통해 본다. 또한, 이 복음은 섬나라인 영국까지 이르게 되었는데, 그들은 스칸디나비아에 있던 바이킹의 후예로 유럽 대륙에 있던 민족보다 더 악랄하고 흉악한 민족이었다. 그런데 복음으로 영국은 신사의 나라가 되었고, 해가 지지 않는 대영제국을 이루었다. 이 복음은 신앙의 자유를 찾아 메이플라워 호를 타고 간 100여 명의 사람들을 통해 미국으로도 들어갔다. 그들은 미국에 정착하여 먼저 교회를 세웠고 학교와 자신의 집을 세우고 나라를 시작했다. 대통령은 성경 위에 선서를 하며, 기독교 원리대로 나라를 운영한 결과 미국은 200년이 안 되어 세계 최고의 나라가 되었다.

또한, 이 복음은 미국인 선교사를 통해 100여 전에 우리나라에 들어왔다. 당시는 상류, 양반 계층만 평안하게 살고 대부분 백성의 살림은 무척 어려워서, 우리나라는 세계에서 못 사는 나라 중 하나였다. 그런 이 땅이 평양대부흥을 기점으로 전국적으로 기독교 인구가 늘어나면서, 일제강점기와 6·25전쟁 이후 발전하기 시작했다. 복음이 더 확산되면 될수록 나라가 발전하여 이제는 세계 10위 안에 드는 경제대국으로 성장했다. 따라서 우리가 발전하고 부흥하는 유일한 길은 주님이 주신 이 복음적 삶을 통해 가능한 것이다.

이처럼 기독교가 역사 속의 실제이고, 세상의 것이 아닌 주님의 것이 더 좋다는 것을 열심히 전하자, 주님은 나에게 더 많은 것을 알게 하셨고 나를 전도에 열심인 자로 세워 주셨다.

우리 모두 세상 것보다 주님의 것이 더 좋은 것임을 경험하고, 앞으로 남은 삶 동안 복음을 열심히 전하게 되길 간절히 소망한다.

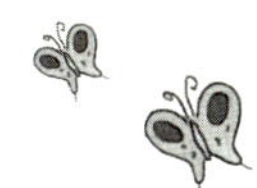

나는 손가락 전도법으로 많은 어린이들과 어른들에게
복음의 핵심을 전하고 예수님을 영접하도록 도왔다.
어린 시절 내 모습처럼 세상에 빠진 채 복음을 모르는 사람이
너무 안타까워 시간과 장소를 가리지 않고 복음을 전하게 되었다.

어린이 공부 잘하는 방법 = 잠언 강해

1. "네 귀를 지혜에 기울이며 네 마음을 명철에 두며"(잠 2:2).

여기서 "귀를 기울이다", "마음을 두다"라는 표현은 지혜를 얻는 데 있어 겸비해야 할 태도를 강조하는 반복적 표현이다. 즉, 지혜와 명철은 쉽게 얻을 수 있는 것이 아니라 진실하고 끈기 있게 추구해야만 얻을 수 있는 것이다. 이러한 말씀은 우리가 인내를 가지고 계속해야 하는 공부의 과정과 일맥상통한다. 이것은 사실 예수님이 말씀하신 마태복음 7장 7절의 말씀과도 연관된다. "구하라 그리하면 너희에게 주실 것이요 찾으라 그리하면 찾아낼 것이요 문을 두드리라 그리하면 너희에게 열릴 것이니." 또한 여기서 명철은 올바른 분별력이라고 할 수 있는데, 우리가 공부를 통해 얻는 지식과 지혜를 의미한다. 그럼 공부를 하는 데 중요한 것은 무엇일까? 잠언의 말씀으로 공부를 잘하기 위해서는 어떻게 해야 할까?

먼저 이 말씀에 근거하여 집중해야 한다. 잠언이 알려 주는 공부 방식은 먼저 귀를 지혜(즉 공부)에 기울여야 하고, 마음을 공부하는 곳에 두어야 한다. 우리가 공부할 때 먼저 책을 곧바로 보는 것이 아니라 이 잠언의 말씀을 따라해 보아야 한다. "내 귀야 지혜로 기울이자! 내 마음아 명철에 관심을 갖자." 이처럼 자기암시를 하면 정말 공부를 하고 싶은 마음이 들고, 그런 가운데 공부하면 능률이 상승한다. 나는 학창시절에

이 말씀에 그대로 순종하여 공부하기 전에 구호를 외치고 공부를 시작했다. 그랬더니 놀라운 집중력이 생기는 것을 경험했다. 우리 사랑하는 자녀도 이대로 도전하면 틀림없이 좋은 결과를 가져올 것이다.

〈잠언이 알려 주는 공부 잘하는 방법 1〉

① 공부하는 책상 위를 깨끗이 유지하자.

좋아하는 연예인 사진이나 지저분한 장식, 여러 가지 물건을 먼저 깨끗이 치우고, 공부하는 책에 집중할 수 있는 환경을 만들자.

② 잠언 말씀으로 자기암시를 하자.

실제로 공부하기 전에 잠언의 말씀대로 외쳐 보자.

"내 귀야 지혜로 기울이자! 내 마음아 명철에 관심을 갖자."

"내 귀야 영어에 귀 기울이자 내 마음아 수학에 관심을 갖자."

"주여! 우리가 먼저 잠언 말씀을 외치며, 공부에 집중할 수 있게 도와주소서!"

2. "너는 마음을 다하여 여호와를 신뢰하고 네 명철을 의지하지 말라"(잠 3:5).

이 말씀에서 우리는 오직 하나님께서 주시는 지혜만이 완전하기 때문에 사람이 하나님을 떠나 참 지혜를 얻는다는 것은 도저히 불가능한 것임을 깨닫게 된다. 사람이 인위적인 방법을 통해 지혜를 얻었다고 해서 그것이 참된 지식이 되는 것이 아니다. 또한, 여기서 "신뢰하고"라는 뜻은 우리 삶의 모든 영역을 주님께 온전히 맡기는 것을 의미한다. 그

1부 게임보다 재미있는 주일학교 이야기

런데 공부하는 데 있어(또는 하고 난 후에) 가장 큰 장애 요인은 무엇일까? 우리는 공부를 좀 했다고 우쭐하여 교만하면 안 된다. 공부를 잘해 교만해지면 훗날 멸망하기 때문이다. 잠언에서는 교만에 대해 자주 경고하고 있다. 잠언 16장 18절 "교만은 패망의 선봉이요, 거만한 마음은 넘어짐의 앞잡이니라", 18장 12절 "사람의 마음의 교만은 멸망의 선봉이요, 겸손은 존귀의 길잡이니라"라고 말씀하고 있다. 즉, 우리는 교만하여 자신을 믿지 말고, 철저히 전능하신 하나님을 의지해야 한다.

그럼 공부를 하는 데 있어 우리가 하나님을 신뢰하고, 의지하는 것은 구체적으로 무엇을 의미할까? 바로 공부하기 전에 지혜로우신 하나님께 기도로 지혜를 구하는 것이다. "너희 중에 누구든지 지혜가 부족하거든 모든 사람에게 후히 주시고 꾸짖지 아니하시는 하나님께 구하라 그리하면 주시리라"(약 1:5). 이러한 말씀에 근거하여 자녀들이 기도한다면 하나님께서 우리의 자녀들에게 지혜를 주실 것이다.

<잠언이 알려 주는 공부 잘하는 방법 2>

① 공부를 하기 전에 기도하는 습관을 갖자.

특별히 야고보서 1장 5절, "너희 중에 누구든지 지혜가 부족하거든 모든 사람에게 후히 주시고 꾸짖지 아니하시는 하나님께 구하라 그리하면 주시리라"는 말씀을 외우고, 이 말씀에 근거하여 기도하고 공부한다.

② 공부를 잘하여 좋은 성적으로 하나님께 영광을 돌리자.

공부를 잘하여 쉽게 교만하면 하나님께 지혜를 받지 못할 뿐만 아니라 우리의 삶 자체가 실패할 수 있다. 계속 공부를 잘하려면 늘 하나님께 기도하며 지혜를 구하고 하나님께 영광을 돌려야 한다.

예전에 "골든벨을 울려라"라는 TV 퀴즈 프로그램에서 모 여고의 한 학생이 문제를 풀기 전 하나님께 기도하며 문제를 잘 푼 후 하나님께 영광을 돌리는 장면을 보았다. 마침내 그 학생은 하나님께 지혜를 받아 그 어렵다는 '골든벨'을 울렸다. 우리 자녀들도 좋은 결과에 쉽게 자만하지 않고 마지막에 주님께 영광을 돌리도록 가르쳐야 한다.

"주여! 우리가 우리를 의지하지 않고 하나님을 의지하는 가운데 공부를 잘하여 주께 영광 돌리게 하소서."

3. "내 아들아 완전한 지혜와 근신을 지키고 이것들이 네 눈앞에서 떠나지 말게 하라"(잠 3:21).

이 말씀은 지혜를 소중히 간직해야 함을 강조하며 권면하는 말씀이다. 여기서 "떠나지 않게 하라"는 말씀은 '네 마음속에서 그 가치를 약화시키거나 잃어버리지 말라'는 권고이다. 완전한 지혜란 아무나 얻을 수 있는 것이 아니다. 오직 하나님 앞에서 올바른 마음을 소유하고 있는 정직한 자만이 하나님께 보상으로 받는 선물이다. 여기서 '근신'은 악한 행동에 주의하며 그 길에 빠지지 않는 성실한 태도를 말한다.

이 말씀처럼 공부한 것을 지키고 눈앞에서 떠나지 않게 하려면 어떻게 해야 할까?

공부하고 그냥 있으면 공부한 내용의 30%가 기억으로 남는다고 한다. 그리고 적으면서 공부하면 60%가 남고, 자기의 상상으로 기록하면 70% 이상이 남는다고 한다. 그래서 외울 때는 그냥 외우는 것보다 적으면서 외우고, 또한 적을 때 자신만의 기호나 두음을 조합하여 (예: 태

정태세 문단세) 외우면 놀라운 효과를 볼 수 있다. 예를 들어 로마서 8장을 외울 때 어려운 구절인 35절 "**환**난이나 **곤**고나 **박**해나 **기**근이나 **적**신이나 **위**험이나 **칼**이랴"을 나는 이렇게 외웠다. "**환곤박기 적위칼.**" 또한 38-39절에 "**사**망이나 **생**명이나 **천**사들이나 **권**세자들이나 **현**재 일이나 **장**래 일이나 **능**력이나 **높**음이나 **깊**음이나 다른 어떤 **피**조물이라도" 이것은 "**사생천권 현장에 능 높기피하자**"라고 외웠다. 이렇게 자신의 말로 외우면 오랫동안 기억에 남는다는 것이다. 오늘 잠언의 말씀처럼 눈앞에서 떠나지 않게 지속적으로 본다면 90% 이상 기억에 남을 것이다.

이러한 학습 태도를 위해서는 자기통제가 필요하다. 학생이라면 자기의 본분인 공부를 소홀히 하지 않고 흐트러지지 않는 자세로 신실한 삶을 사는 것을 말한다. 즉, 자신이 좋아하는 것에만 지나치게 몰두한다면 잠언 말씀에서 벗어나는 것이라고 할 수 있다. 완전한 근신을 지키고 주어진 지혜와 지식을 눈앞에서 떠나지 않게 하는 자가 바로 지혜를 얻는 자, 공부를 잘하는 자이다. 공부할 때 항상 자신의 본분을 지키고, 배운 것을 떠나지 않게 노력하고 공부한 것을 잃어버리지 않도록 해야 할 것이다.

〈잠언이 알려 주는 공부 잘하는 방법 3〉

① 공부하고 난 후 공부한 내용을 되새기는 시간을 갖자.

공부한 내용을 잊어버리지 않도록 다시 익히는 시간을 가져야 한다. 내 경험상 가장 좋은 방법은 배운 내용을 친구나 가족과 함께 문제로 만들어 질문하고 맞추는 것이다. 친구나 가족이 없다면 자신이 배운 내용을 선생님의 입장이 되어 어떻게 문제를 낼지 추측해 보면 더 쉽게 공부할 수 있게 된다.

② 공부에 방해되는 취미생활을 절제하자.

근신하고, 공부한 것이 내 눈앞에서 떠나지 않기 위해서는 자신이 가장 좋아하는 취미생활을 절제하는 자세가 필요하다. 예를 들어 인터넷 게임이나 TV 프로그램이 재미있다고 거기에만 집중해서는 안 되는 것이다. 실제로 정말 좋아하는 것도 사흘 내내 하면 재미없다. 적절하게 절제하며 공부하면서 하고 싶은 것을 하면 훨씬 재미있고 유익하다. 부모들은 자녀들의 취미생활에 함께 참여하여 둘 중 어느 것이 더 재미있는지 스스로 깨닫게 하는 것이 중요하다. 특히 게임 중독에 빠지면 꿈을 이루지 못하고 가난하게 살게 된다거나 폐인이 되어 범죄자가 될 수 있는 점 등을 알려 준다. 한편으로 공부를 함으로써 자신의 꿈을 이루어 취미생활을 한다면 더 재미있고 유익함을 스스로 깨닫게 도와준다. 그러면 자녀 스스로 공부를 하게 될 것이다. 학생이라면 최소한의 공부를 해야 하고, 하나님의 말씀대로 배운 것을 지속해서 간직해야 한다는 것을 지혜롭게 알려 주길 바란다. 우리 자녀가 이렇게 공부하도록 이렇게 외쳐 보자.

"주여! 우리가 공부한 것을 늘 기억하고 되새기도록 나의 취미를 절제하게 하소서."

4. "지혜를 얻으며 명철을 얻으라 내 입의 말을 잊지 말며 어기지 말라"(잠 4:5).

여기서 '얻으라'는 말은 '구매하여 소유하라'는 의미로 원래는 상업용어다. 즉, 장사꾼이 고객에게 물건을 사라고 자꾸 권하는 것과 같이 열심히 지혜를 얻기 위해 애쓰라는 말씀이다. '얻으며, 얻으라'는 반복되는 표현에서는 마치 장사꾼들이 자신의 물건을 강조하며 파는 장면이 연상된다. 이렇게 자꾸 외치는 것은 지혜가 얼마나 귀한 보배인지 강조하기 위한 것으로 "골라, 골라. 아저씨도 골라. 아줌마도 골라. 골라, 골라" 하는 표현과 비슷하다.

마찬가지로 우리의 자녀도 먼저 공부를 통해 지혜와 명철을 얻고, 지혜의 근본이신 하나님을 먼저 기도로 구하며, 그 지혜를 잊어버리지 말도록 계속 강조해야 한다. 그래야 우리의 자녀들을 미혹하여 꿈을 좌절시키려는 사탄의 유혹과 음모에서 승리할 수 있다.

〈잠언이 알려 주는 공부 잘하는 방법 4〉

① 공부에서 가장 중요한 핵심 내용을 외우게 하자.

잠언 말씀 중 공부와 관련된 구절들은 핵심이니 외우게 하고, 수학 공식과 영어 단어 중 핵심 단어는 꼭 외우도록 한다. 영어 단어장과 수학 공식 노트를 만들어 자신의 글씨로 적어 항상 가지고 다니며 외우는 습관을 지니도록 한다.

② 잠언의 말씀을 어기지 않고 순종하도록 실천하자.

공부할 때는 가르치는 자의 권위가 중요한데, 잠언 말씀은 세상을 살아가는 지혜서이며, 많은 사람이 이 말씀으로 실제 공부도 잘하고, 더 나은 삶을 살게 되었다. 우리 자녀가 잠언의 말씀에 철저히 순종하며 살아가도록 반복적으로 알려 주어야 한다.

"주여! 우리가 잠언의 말씀을 항상 간직하여 순종하며 핵심 내용을 항상 가지고 다니며 외워 공부를 잘하게 하소서."

5. "지혜를 버리지 말라 그가 너를 보호하리라 그를 사랑하라 그가 너를 지키리라"(잠 4:6).

이 구절은 지혜를 의인화한 표현이다. 지혜로운 사람은 행동이 신중하여 여러 위험과 잘못된 길에서 벗어난다는 내용을 강조한 표현인데, 실제로 하나님은 지혜를 사랑하는 자를 보호해 주시고, 지켜 주신다는 약속의 말씀이다.

우리의 자녀들이 공부를 얼마나 사랑하고 있다고 생각하는가? 사실 상식적으로는 학자를 제외하고는 공부를 사랑하기가 어렵다. 하지만 잠언은 지혜와 지식을 사랑하라고 말씀하므로 우리는 먼저 지혜를 사랑해야 한다. 마치 우리가 사랑하기 어려운 사람도 주님이 사랑하라고 하시면 노력하는 것처럼, 우리 자녀도 공부를 사랑할 수 있게 노력해야 한다. 그렇게 말씀대로 순종하면 우리 자녀들이 싫은 사람도, 공부도 사랑할 수 있게 될 것이다.

〈잠언이 알려 주는 공부 잘하는 방법 5〉

싫은 과목에 더 사랑을 표현하자.

가령 수학이 싫다면 수학책은 더 예쁜 포장지로 싸고, 수학을 공부할 때는 비싼 노트와 좋은 필기구를 사용하는 것이다. 또한, 수학책 앞에서 "나는 수학이 정말 좋아. 수학아, 나는 너를 사랑해!"라고 외치는 것이다. 잠언 말씀이 지혜를 사람처럼 대한 것처럼 수학을 사람처럼 사랑하고자 노력하면 결국은 사랑하게 된다.

"주여! 우리가 싫어하는 과목을 사랑할 수 있게 크신 사랑의 능력을 부어 주소서."

PART 2

말씀을 실천하는 주일학교 이야기

우리는 사랑하는 다음 세대 어린이들의 눈높이에 맞는 말씀을 전해 그들 스스로 말씀대로 살아가 예수님의 작은 제자가 되도록 가르쳐 지키게 해야 하는 사명이 있다. 그러기 위해서는 우리가 먼저 매주 선포되는 설교 말씀대로 살아야 한다. 그리고 그 말씀대로 살아 그 말씀의 역사를 경험하고 삶을 나누어야 한다. 그것이 진정한 기독교 교육이다.

Chapter 04

재윤아, 말씀이 없어서
네 삶이 힘든 거란다.

대학 졸업을 앞두고, 결혼과 진로를 놓고 나는 인생의 중요한 갈림길에 서게 되었다. 1996년 군대 제대 후 10개월을 보내고 1997년 가을, 대학교에 다시 복학했는데, 예수님을 인격적으로 만나지 못했기에 이 두 가지 문제가 매우 두렵고 떨렸다.

미래를 놓고 학교 벤치에서, 강의실에서 기도하던 어느 날, 학과 동기가 "왜 여기서 기도하니? 학교 기도실에 가서 기도해"라고 말해 주었다. 참으로 부끄럽게도 그때까지 학교 기도실이 어디 있는지도 몰랐다. 소개를 받고 찾아간 기도실은 대학 총장실 옆에 있었는데, 문을 열고 들어가니 어둠 속 정면에 십자가가 있고 조명이 그 십자가만 비추고 있었다. 무릎을 꿇고 기도하는데 갑자기 눈앞에 지금까지의 내 삶이 슬라이드처럼 지나갔다. 그 장면들은 거의 나의 일상이었고, 내 생각에 죄라고 여겨지지 않았던 부분이었다. 그런데 그 장면이 다 지나가자 하나님께서 내게 이렇게 말씀하셨다. "너는 죄인이다." 그 음성에 정신이 번쩍 났다. 비성경적인 일상이 바로 죄였고 나는 그 죄의 굴레에서 살고 있었다. 그 자리에서 한 시간을 울며 회개 기도를 했다.

그 후 나는 매일 기도실을 찾게 되었다. 강의 전에도 기도하고 들어가고, 강의가 끝나고 나서도 기도실을 찾았다. 그다음 해에는 고난주간을 맞아 죄의 목록을 만들어 회개 기도를 했다. 월요일부터 지은 죄를 노트에 적으며 회개 기도를 했고, 마지막 날인 금요일 오후에 생각나는 모든 죄를 다 고백하고 있었는데 갑자기 내 몸에서 무엇인가 나가는 느낌과 함께 그만 입술이 꼬이고, 갑자기 처음 들어보는 소리가 나왔다. 방언이 터진 것이다. 한참을 기도하고 저녁이 되어 기도실을 나왔다.

성령이 충만하고, 심령에 기쁨이 넘쳤지만 문제가 생겼다. 평소 쓰던 말이 안 나오고 방언만 나왔다. 순간 내가 미친 사람처럼 여겨졌다. 다른 곳엔 가지 못하고 당시 거주했던 학교 앞 고시원으로 가서 문을 걸어 잠그고 성령 하나님께서 주시는 기쁨으로 밤을 새웠다. 다음날 새벽기도에 가서 "하나님, 제게 한국말을 허락해 주세요. 한국말을 하게 해주세요"라고 기도했다. 그 기도가 간절한 이유는

　　　　　　　　2부 말씀을 실천하는 주일학교 이야기

말이 제대로 안 나와 식사조차 하러 갈 수 없었기 때문이다. 계속 한국말을 못하게 되면 앞으로의 삶이 정말 막막해질 것 같았다. 새벽기도가 끝나도 말이 돌아오지 않았지만, 이상하게 마음에는 평강과 기쁨이 가득 넘쳤다. 고시원으로 올라가는 언덕에서 제대로 말이 돌아왔고, 그것이 너무나 감사했다.

이 경험으로 나는 성경에서 말하는 방언, 기적, 역사들이 실제 일어나는 것임을 온전히 믿게 되었고, 날이 갈수록 더 열심히 기도하게 되었다. 계속 새벽기도를 빠지지 않고 틈만 나면 학교 기도실을 찾았다. 그런데도 생활 속에서 자꾸 몸과 마음이 힘들었다. 그때 다니던 교회 사모님께 사정을 말씀드렸더니 사모님께서는 이렇게 말씀하셨다. "재윤아, 네가 말씀이 없어서 삶이 힘들단다. 그러니 말씀을 날마다 묵상하렴." 처음에는 이 말이 무슨 의미인지 잘 몰랐으나 말씀을 읽고 묵상하게 되면서 서서히 그 의미를 알게 되었다.

1999년 1월, 「빛과 소금」이라는 경건 잡지를 통해 큐티하는 방법을 제대로 알고, 당시 교회 청년부에서『하나님을 경험하는 삶』을 통해 공부하던 말씀을 묵상함으로 신실한 하나님을 경험할 수 있었다. 그래서 이 두 가지 책을 정리하여 하나님께서 내게 주신 큐티 방법이 바로 'V형 큐티' 방법이었다.

그 큐티 방법은 다음과 같다.

V형 큐티 방법

V형 매일 큐티 : 'Victory QT'의 준말로 날마다 주신 말씀으로 승리하도록 돕는 큐티 방법.

매일 큐티할 수 있는 방법으로 큐티 교재에도 적용할 수 있다. 느낌, 적용이 포함된 방법이다. 반드시 하루 전 저녁식사 후 편한 시간에 실시한다. 주의할 점은 자기 직전에는 피하라는 것이다. 잠의 유혹 때문에 말씀을 제대로 볼 수 없다.

1. 먼저 기도한다.

나의 원대로가 아닌 하나님의 원대로 말씀을 보게 해달라고 자기 부인의 기도를 한 후 말씀을 보아야 한다. 성경은 내가 원해서 보는 책이 아니라서 자기 부인이 있어야 하기 때문이다(눅 22:42).

2. 내일의 본문을 읽는다.

읽을 때 "내일 내게 주시는 말씀은 무엇일까" 하는 설렘 속에 말씀을 읽는다.

1) 내일 일정을 생각하며 생활 속에 주시는 말씀을 읽고, 묵상한다.

2) 성령께서 주시는 말씀을 찾는다. 읽다가 시선이 멈추거나 나에게 주시는 말씀이라는 확신 혹은 감동이 오는 구절을 찾는다.

3) 위의 방법대로 말씀을 묵상하지 못하면 관찰 – 연구 – 느낌 – 적용
   을 살펴보고, 주석이나 해설서를 참고하는 것도 좋다.

4) 내일 주신 메시지를 간단하게 정리하고, 묵상 기도한다.

이때, 색연필로 성경책에 체크하거나 말씀 구절을 표시하고 말씀을 계
속 읽는다.

3. 체크한 말씀을 휴대할 수 있는 다이어리에 적는다.

1) 날짜에 맞게 말씀을 적는다.

2) 다이어리를 항상 가지고 다니며 하루에 두 번 이상 자신이 기록한
   말씀을 묵상한다.

   (성경대로 하면 다니엘처럼 하루 세 번, 9시, 12시, 오후 3시에 묵상한다.)

4. 하루를 마감할 때 다이어리 말씀으로 그날을 평가한다.

오늘 일을 생각하며 주신 말씀에 대한 응답을 가지고 감사와 회개의 기
도를 드린다. 그리고 말씀을 통해 받은 은혜를 사랑하는 가족, 지체들
과 나눈다.

※ **주의사항 :** 만약 위의 방법대로 말씀을 보았는데도 내일의 말씀을 한
구절도 못 받았으면 다시 한 번 읽어 보고, 그래도 못 받았다면 자신이
좋아하는 말씀을 하나 택하여 반드시 말씀을 가지고 생활하는 훈련을
하는 것이 좋다(큐티 교재의 길잡이와 질문들을 통해 적용할 점을 반드시 찾아본다).

나는 이 방법을 계속 사용하여 오다가 훗날 내가 섬기는 유년부 선생님들에게도 가르쳐 주었다. 그러자 큐티 방법을 실천해 본 선생님들이 다음과 같은 유익이 있었다고 답했다.

1) 의도적으로라도 하루에 한 번 이상 성경을 보게 되었다(할렐루야!).

2) 말씀의 생동력을 느끼며, 하나님이 주신 말씀이 하루의 삶에 큰 힘이 된다.

3) 큐티를 통하여 상당한 자제력과 통제력이 생겼다.

4) 큐티로 인해 가정의 고난 중에도 평안할 수 있었다.

5) 큐티를 통하여 남편이 사랑스럽게 보이고 그의 수고가 참 감사하다. 남편은 여전히 퇴근하면 나에게 독설(?)을 퍼붓고 잠들 때까지 아이폰과 아이패드만 붙들고 사는 데, 왜 그가 고맙고 사랑스러워 보이는지…. 내 인생에 가장 용서 안 되고 배려 안 되는 0순위가 바로 남편이었는데 정말 놀라운 변화다.

6) 내 영만 살찌우는 것이 아니라 내 자녀에게도 영혼의 밥을 날마다 먹여야겠다.

다음은 V형 큐티를 실천한 선생님들의 생생한 간증이다.

"큐티의 중요성을 분명히 알고 있음에도 실천하기가 쉽지 않았다. 그야말로 몇 년을 「매일성경」 「날마다 솟는 샘물」 「생명의 삶」 성경 본문 등 온갖 것을 동원해 봤으나 하다 말다 용두사미로 제대로 한 적이 없었다. '주여, 저는 언제 말씀이 꿀보다 더 달 수 있을까요?'라고 되뇌며 말씀 먹는 일을 의무감으로 쓴 약 삼키듯 하였다.

올해 1월 첫째 주 월요일에 최재윤 목사님께 권면의 말씀을 들었다. V형 큐티. 매일 구약 1장, 신약 1장 혹은 「날마다 솟는 샘물」의 본문을 보고 마음에 와 닿는 말씀을 붙들고, 그날 하루를 살아 보라는…. '뭐 다를 게 있을까?' 하면서도 그렇게 하겠다고 약속했다. 큐티 바로 첫날부터 하루 만에 벌써 대박이 났다. 목사님께서 늘 말씀하시던 '큐티하고 실천하면 놀라운 일이 일어날 거예요!'를 체험하였다.

오랜만에 종일 아무 일도 없는 한가한 하루였는데 그날따라 비장한 말씀을 주시는 것이 의아하면서도 동시에 살짝 긴장되었다. 말씀은 신명기 20장이었다.

오전 9시에 사건이 터졌다. 남동생과의 일이다. 말씀 없이 하루를 열었다면 울고 동생을 미워하고 욕하고 복수를 꿈꾸고 마음속에서 온갖 죄를 저지를 뻔했는데, 오늘의 큐티 말씀을 붙들고 죄에 반응하지 않길 결단 또 결단했다. 동생의 과격하고 날카로운 공격에 반응하지 않고 하나님께서 대신 싸워 주실 것이라고 믿으며 내가 잘못했다고 미안하다고 계속 사과만 했다. 하나님의 놀라운 능력이 임하였다. 문제가 완벽하게 처리되고, 동생을 향한 미움도 일어나지 않았으며, 동생은 나의 일을 도와주고, 아무 일 없던 것처럼 일이 마무리되었다. 큐티는 일용할 양식으로 너무도 귀한 보물이란 걸 깨닫는 데 오랜 시간이 걸리지 않았다."

"2011년 제자훈련을 하면서 시작한 큐티(V형 큐티)는 짧은 것 같으면서도, 세밀한 하나님의 음성을 듣기 위한 통로가 되었다. 지난주에는 교사 교육 큐티 영상을 보고 소감도 적어야 했는데, 큐티 방법이 아니라 왜 큐티를 매일 해야 하는지에 대한 성경적인 근거를 다시 확인하게 되었다.

V형 큐티를 하기 이전에도 여러 교재를 이용하여 큐티를 하긴 했었지만, 매일 꾸준히 하는 것이 얼마나 어렵던지, 성경을 읽는 것에만 의의를 두고 시간을 보낸 적도 있다. 그러나 V형 큐티를 하며 '아직 한 번도 큐티를 빼먹지 않았다'는 사실도, 그동안 '내 삶의 주인은 예수님'이라고 고백하면서도 여전히 내 삶의 주인은 '나'였음을 말씀을 통해 새롭게 알게 된 것도 큰 변화이다.

하루 전날 큐티하면서, 다음날 일정 정리와 함께 우선순위를 정하고, 받은 말씀을 내 삶에 어떻게 적용하고 살아야 할지 삶의 방향을 결정하는 등 말씀에 입각한 삶으로 변화하는 중이다.

마지막으로 목사님의 열강에 힘입어 거룩한 '영적 다단계'에 빠져 V형 큐티를 전파하는 데 힘쓰고 있다. 왠지 큐티하면서 하루의 말씀을 가지고 살다 보니 '전하지 않고서는 안 되겠다'는 생각이 부쩍 들어 친구 두 명에게 전하고, 주일엔 GBS에서 큐티하는 방법을 나누고 GBS 게시판에도 큐티를 올려 나누고 있다. 말씀을 통해 변화하는 삶, 여러 선생님들과 함께 나누고 싶다.”

나는 학교를 졸업하고 집 앞 도서관에서 공무원 시험을 준비했다. 종일 공부하는 그 자리에서 다니엘처럼 매일 주신 큐티 말씀으로 예배를 드렸다.

그러던 어느 날 요한1서 3장 18절인 “자녀들아 우리가 말과 혀로만 사랑하지 말고 행함과 진실함으로 하자”라는 큐티 말씀을 묵상했다. 말씀을 묵상하면 실천도 따라야 했다. 그런데 도서관에는 내가 모르는 사람뿐이었다. 전혀 모르는 사람에게 어떻게 사랑을 행하고 진실함을 실천할지 몰랐다. 어려워하다가 기도를 하자 하나님은 ‘가까운 종로 지하철의 불쌍한 사람들에게 찾아가라’는 마음을 강하게 주셨다.

하던 공부를 마무리하고 바로 집으로 가서 엽서에 1000원짜리 지폐를 붙이며 이렇게 적었다. “예수 믿으세요. 예수 믿으면 행복합니다.” 그리고 그 엽서를 가지고 종로 지하철역으로 갔다. 전에는 지하철을 타고 나올 때 불쌍한 사람들이 있으면 동전 몇 푼 주는 게 전부였는데, 제대로 할지 가슴이 막 뛰었다. 지하보도로 내려가는데 할머니 한 분이 구걸을 하고 있었다. 나는 용기를 내어 엽서를 건네며 말했다. “할머니, 저는 이렇게 1000원만 드리지만 제가 만난 예수님을 만나시면 앞으로 할머니의 인생은 더 행복해지실 거예요.” 근처 술에 취해 바닥에서 자는 노숙자 주머니에도 엽서를 넣고 나왔다.

그렇게 하기를 한 시간여, 다시 종로 거리로 나왔을 때는 연말이어서 사람들도 많았고 세상 음악도 크게 들렸다. 갑자기 눈물이 났다. 그러나 입은 웃고 있었고 몸은 마치 구름 위를 걷는 것같이 가벼웠다. 성령의 충만함을 크게 누렸다.

그때 섬광같이 머릿속을 스치는 말씀이 있었다. "하늘의 뜻이 땅에서도 이루어지이다." 하늘의 뜻인 큐티 말씀을 내 삶 속에서 순종하면 놀랍게도 천국의 기쁨을 이 땅에서 누릴 수 있고, 그 기쁨을 누린 자는 그 말씀을 전할 수밖에 없었다. 큐티를 하면서 신기한 경험을 몇 번 하면서 말씀대로 살아가면 날마다 천국의 삶을 누릴 수 있는 것을 온전히 경험하게 되었다. 그러자 내가 다니던 작은 교회 어린이들에게도 큐티하는 삶을 전해야겠다는 생각이 들었다.

1992년, 당시 나는 주일학교 교사였다. 대학교 1학년 때부터 주일학교 교사를 했는데 참으로 형편없었다. 주일 아침이면 일어나서 늘어지게 하품하고, 주섬주섬 주워 입은 옷은 제대로인지 거울 한 번 볼 새 없이 그냥 뛰어나가, 교회 가는 버스 안에서 주일 공과를 준비했었다. 공과 준비가 제대로 되지 않으니 아이들이 공과 내용에 대한 질문을 할까 봐 두려워서 항상 사탕을 먼저 먹게 하고 공과를 진행했다. 그리고 사탕을 다 먹는 동안 공과 공부를 마치고, 바로 근처 오락실에 데리고 가서 후속 활동을 함께했다. 아이들에게는 나름 인기가 있었지만 영적으로는 형편없는 그런 주일학교 교사였던 내가, 매일 큐티로 주님을 만나자 매우 기쁜 나머지 어린이들에게 큐티를 나누게 된 것이다.

반 아이 중 두 명의 아이를 선정하여 부모님께 서약서를 받고 매일 큐티 모임을 진행했다. 그것이 지금 사랑의교회 유년부 어린이 제자훈련의 명칭인 "어매매기어"였는데, '어른과 어린이가 매일 성경 묵상하고 매일 기도하는 어른과 어린이'라는 뜻으로 날마다 큐티하고 기도하는 모임을 한 것이다. 주일 오후에 만나 V형 큐티 방법을 가르치고 성경 자체를 삶에 적용하게 했고, 한 주간의 삶을 나누었다. 또 매일 전화하여 "○○야, 너 큐티했니?"라고 먼저 묻지 않고 나의 삶을 들려주며, "선생님은 오늘 이런 말씀을 받았는데 그 말씀으로 이렇게 살았단다. 그래서 감사했단다. 너는 어떻게 하나님께서 말씀하시고 동행하셨니?"라고 서두를 꺼냈다. 처음에는 아이들이 말을 잘하지 못했으나 점점 자신의 삶에 큐티 말씀을 적용하여 간증하기 시작했다. 한 어린이가 이렇게 말했다. "집에서 동생과 놀다가 동생이 갑자기 문을 닫아 제 손이 문에 끼어 피가 났어요. 동생을 때려주려고 하는 그때, 갑자기 '네 이웃을 네 자신과 같이 사랑하라'는 그날 큐티 말씀이 생각나서 동생을 편안하게 용서해 주었어요."

또 한 어린이는 큐티를 하지 못하고 그만 깜빡 잠이 들었다고 한다. 그런데 하나님께서 자신을 깨워 주셔서 새벽에 일어나 큐티를 하려고 하는데 방에는 남동생이, 건넛방에는 부모님이 주무셔서 할 수 없이 바깥 화장실에 가서 큐티를 했다는 것이다. 이 간증을 듣고, 나는 밤새 잠을 이루지 못하고 성령께서 주시는 기쁨으로 충만했고,

큐티 말씀으로 아이들이 온전히 변화되어 가는 것을 보고 가슴이 벅찼다.

어느 날은 그 어린이가 내게 전화하여 "선생님, 다윗을 책망한 선지자가 나단 선지자가 맞나요?" 하고 물었다. 당시 내가 신학을 한 것도 아니고, 큐티를 통해 성경을 알아가고 있는데 질문을 받으니 잠시 당황스러웠지만 성경을 열심히 찾아 이렇게 말해 주었다. "아니! 이런 어려운 것을 어떻게 네가 알았니?" 그러자 그 어린이는 이렇게 대답했다. "선생님, 제가 잘 몰라 하나님께 여쭈어 봤더니 하나님께서 알려 주시던데요." 순간 나는 뭔가를 얻어맞은 것 같은 충격을 받았다. 우리가 성경을 날마다 사모하며 나아가면 성령께서 성경의 말씀을 친히 풀어 주시고, 말씀해 주신다는 것을 깨달았다. 그리고 이 말씀이 생각났다. "그러나 진리의 성령이 오시면 그가 너희를 모든 진리 가운데로 인도하시리니"(요 16:13).

나는 그때 하나님의 말씀만이 이 땅의 어린이들을 변화시킴을 확신하게 되었다. 그러면서 동시에 주일학교 교사인 내가 먼저 말씀으로 변화되었고, 어린이들도 변화되었듯이 주변의 교사들도 말씀을 실천하는 교사로 변화되었으면 좋겠다는 열망을 가지게 되었으며 그것이 내 평생의 비전이 되었다.

이후에 사랑의교회 어린이 주일학교 학생들에게 이러한 큐티를 전하고 나누었다. 그랬더니 놀라운 변화를 경험했다고 다음과 같이 고백하였다.

1학년 어린이

말씀 : 사무엘상 13장 9-13절(이스라엘이 바알과 아스다롯의 우상을 섬기다 하나님만 섬기겠다는 본문).

간증 : 나랑 함께 학교 셔틀버스를 타는 형이 내 친구와 같이 절을 하라고 해서 절을 해버렸다. 순간 하나님의 십계명이 떠올랐다. "우상 앞에 절하지 말라." 형이 우상처럼 느껴졌다. 그런데 다행히 옆에 있던 누나들이 형을 혼내 줬다. (주신 말씀으로) 하나님께 기도했더니 형이 그런 일을 시키지 않은 것이다.

2학년 어린이

말씀 : 힘들어도 활기차게 할 수 있다는 말씀.

간증 : 나는 오늘까지 "큐티 말씀 실천 간증카드" 를 안 써서 오늘 써야겠다 생각했다. 하지만 나는 계속 딴짓만 했다. 계속 자고 쉬를 싸고 귀를 만지고 포기하려는 그때 "○○야 넌 할 수 있어" 라는 예수님의 목소리가 들려왔다. 그래서 나는 열심히 쓰기 시작했다. 예수님께 감사드리고 싶다.

3학년 어린이

말씀 : "오늘 구원이 이 집에 이르렀다. 인자는 잃어버린 자를 찾아 구원하러 온 것이다."

간증 : 3학년이 되어 반장선거를 했는데 아주 슬프게 3표를 받았다. 친구 상민이가 "괜찮아, 우린 3학년이니까 3표를 받지" 라고 위로했지만 그래도 슬펐다. 실망하면서 하나님께 기도했더니 하나님께서 "괜찮아 너에게는 내가 있잖

아” 라고 하셨다.

4학년 어린이

말씀 : 오늘 큐티 말씀은 고린도후서 9장 7절 말씀이었다. 그 말씀 중 “하나님은 즐겨 내는 자를 사랑하시느니라”는 부분을 읽고 억지로 하지 않고 즐기면서 하기로 다짐하였다.

간증 : 학교가 끝나고 한자 학원에 갔다. 한자는 좀 지루하다. 사탄이 그때 나한테 “야, 대충대충해라. 대충해” 라고 유혹했다. 하지만 나는 큐티 말씀대로 즐기면서 하였다. 즐기면서 하니 내 마음이 평안해졌다.

5학년 어린이

지난 3월 2일 큐티가 특히 내 마음에 와 닿았다. “예수님만 나타내는 삶”이라는 제목의 큐티로 예수님이 어떤 분인가에 대하여 더 깊이 생각하게 되었다. 예수님의 형제들은 초막절이 다가오자 예수님께 예루살렘에 올라가서 기적을 행하여, 제자들에게 그 모습도 보여주고, 정치적 명성도 얻으라고 하였다. 그러나 예수님은 아직은 자신의 때가 아니라고 하시면서 형제들이 예루살렘으로 올라간 다음에 조용히 하나님의 시간표에 따라 예루살렘으로 올라가셨다. 그렇게 예수님은 예수님 자신을 나타내지 않으시고, 자신이 미래에 하실 일인 나를 구원하시고, 하나님의 나라를 선포하는 일과 자신이 하나님의 아들이라는 것을 알리기 위해 말과 행동을 조심하셨다. 세상은

예수님을 미워했다. 그러나 예수님은 모든 핍박을 받으시고 나에게
구원의 길을 열어 주셨다. 나도 예수님의 사랑을 실천해야겠다. 나도
예수님처럼 다른 사람에게 복음을 전해야 하지만, 먼저 다른 사람을
사랑하고, 섬기며 겸손한 사람이 되고 싶다.

6학년 어린이

사랑의교회에 처음으로 와서 큐티를 하게 되었다. 난 그때만 해도 큐
티를 귀찮은 일주일 치 숙제로 여겼고, 큐티를 아예 하지 않는 날도
많았다. 하지만 이번 큐티 캠페인으로 내 마음속에 모셔야 할 하나님
을 만났고, 또 큐티도 열심히 하게 되었다. 그리고 그중에 가장 은혜
를 많이 받았던 큐티 말씀은 "하나님이 세상을 이처럼 사랑하사 독
생자를 주셨으니 이는 그를 믿는 자마다 멸망하지 않고 영생을 얻게
하려 하심이라"였다. 나는 이 말씀으로 큐티를 하면서 하나님이 나를
사랑하신다는 걸 알았고, 그 하나님의 은혜를 갚기 위해 다른 사람
을 위해 더 열심히 기도하고 큐티해야겠다고 생각했다. 그리고 얼마
전 "나의 영의 양식 아프리카 친구들의 육의 양식"이라는 이번 소년
부 큐티 캠페인에 참여하게 되었는데, 내가 한 달 동안 큐티를 열심
히 하면 양식상을 받는 대신 아프리카 친구들의 한 끼 식사를 줄 수
있다고 해서 큐티에 더 열심을 냈다. 언젠가는 다른 신을 믿는 사람
들 모두 예수님을 알게 되어 하나님과 대화를 하고 큐티를 할 수 있
었으면 좋겠다. 마지막으로 나와 다른 친구들에게 같이 교회 안에서

잘 성장해서 꼭 교회 밖으로 나가 열심히 전도하고 세계 속에서 사역을 하며, 예수님의 제자로 빛을 냈으면 좋겠다. 그리고 다같이 큐티하는 예수님의 나라가 되었으면 한다.

나는 이러한 사랑의교회 어린이들의 놀라운 간증을 사랑의교회 신문과 토요 새벽예배 설교 시간에 예화로 들어 전 성도님들에게 전하였고, 많은 도전을 받았다는 말을 듣게 되었다.

이제 우리 모두가 먼저 살아서 역사하시는 하나님의 말씀을 날마다 묵상하고, 자신의 삶 속에 행하신 새 일을 다음 세대의 어린이들에게 전하여 가르쳐 지키는 비전을 이루어 나가길 소망한다.

전도사님은 율동을 잘하니
사랑의교회 유년부에 지원해 보세요.

Chapter 05

큐티를 통해 삶의 변화를 누리게 된 나는 믿지 않는 어린이들을 전도하는 일에 관심을 갖게 되었다. 군대 제대 후 작은 교회 주일학교 교사로 다시 봉사하러 갔을 때 나는 많이 놀랐다. 군대에 가기 전 쉰 명 정도였던 어린이들이 고작 세 명만 남아 있었고, 열 명 정도였던 교사는 나까지 세 명뿐이었다. 내가 군대에 있을 때 교회에 사정이 생겨 주일학교가 더 황폐해졌던 것이다. 이러한 상황 속에서 나는 주일학교 교사로서 우선 아이들을 어떻게든지 교회로 나오게 하려고 전도하는 데 열심을 냈다. 다행히 하나님께서 아이들을 보내 주셔서 아이들은 스무 명 정도로 늘어났고 여름성경학교를 하게 되었다. 목사님께서 이 기회에 아이들이 교회에 정착했으면 하는 바람으로 성경학교 프로그램 순서 중간에 특별한 것을 해보라고 하셨다. 나는 당시 "쏠티와 함께"라는 어린이 찬양을 즐겨 들었는데, 처음으로 찬양에 율동이 아닌 워십댄스를 창작하게 되었다.

여름성경학교 때 어린이들 앞에서 워십댄스를 보여주었을 때 아이들은 놀랍게 반응하였고, 내가 한 워십댄스를 배우고 싶어했다. 그래서 조건을 내걸어 "일주일에 큐티를 사흘 이상 하는 어린이만 워십댄스를 가르쳐 주고 함께 춤추며 찬양하겠다"라고 말했다. 생각해 보니 하나님께서는 전도를 하려고 할 때 무한한 가능성을 열어 주시고 은사까지 주신다. 당시 나는 내성적인 성격이어서 사람들 앞에서 춤을 춘다는 것은 상상도 못할 일이었는데, 주님은 전도를 위해 나에게 은사를 주시고 그것을 개발하게 하신 것이다.

처음 놀이터에서 아이들을 전도하려 할 때, 하나님은 내게 가수들이 춤을 출 때 뒤에서 춤추는 댄서들을 오버랩으로 보여주시며, 전혀 생소한 분야였던 춤을 통해 전도하게 될 것을 암시해 주셨다. 시간이 지나 몇 개월 동안 훈련받은 교회 어린이들과 함께 노방에서 춤을 추며 전도하게 되었다. 거리에서 커다란 음악소리를 낼 큰 카세트 데크를 한 장로님께 제공받아 아이들과 의상까지 맞추어 입고 교회 근처 놀이터에서 첫 공연을 열었다. 그날, 생각지도 않게 많은 어린이가 우리의 워십댄스를 보아 주었고 복음에 관심을 갖게 되었다.

어린이들이 공연을 보기 위해 많이 모여들면 준비된 사탕을 나누어 주고, 손가락으로 복음을 전했다. 아이들은 너무 쉽게 복음을 받아들였다. 그때 하나님께 이렇게 기도했다. "하나님, 전도에 큰 유익이 있는 워십댄스를 제게 비전으로 주세요." 그 후 워십댄스는 나의 비전이 되어 나는 춤추며 전도하는 사역에 더 집중하게 되었다.

그러던 중 하나님께서 이 비전의 근거가 되는 말씀을 주셨다. "또 내가 보니 불이 섞인 유리 바다 같은 것이 있고 짐승과 그의 우상과 그의 이름의 수를 이기고 벗어난 자들이 유리 바다 가에 서서 하나님의 거문고를 가지고 하나님의 종 모세의 노래, 어린 양의 노래를 불러 이르되 주 하나님 곧 전능하신 이시여 하시는 일이 크고 놀라우시도다 만국의 왕이시여 주의 길이 의롭고 참되시도다 주여 누가 주의 이름을 두려워하지 아니하며 영화롭게 하지 아니하오리이까 오직 주만 거룩하시니이다 주의 의로우신 일이 나타났으매 만국이 와서 주께 경배하리이다 하더라." 요한계시록 15장 2-4절 말씀이었다.

이 말씀은 일곱 나팔의 재앙이 끝나고 일곱 대접의 마지막 재림 심판이 있기 전의 본문으로, 마지막 심판을 앞둔 성도들의 행위를 묘사하고 있다. 이 구원받은 성도들은 유리 바다 위에 있으며, 이 유리 바다는 바로 하나님의 보좌 앞에 있는 구원받은 백성의 자리를 의미한다. 그들은 모세의 노래와 어린양의 노래를 부르고 있고, 주만 경배하리라고 다짐을 하는데 이때 만국이 와서 주께 경배한다는 말씀이다. 나는 이 말씀을 통해 워십댄스로 하나님이신 어린양을 찬양하고, 만국 백성을 주께로 불러일으키는 선교 공동체에 대한 비전을 확고히 세우게 되었다.

이런 비전을 가지고 기도하는 가운데 청소년과 어른을 대상으로 하는 워십댄스도 창작하여 노방전도를 하였다. 처음 창작된 김수지 씨의 CCM "행복"은 가사 자체가 복음이었다. 가사 부분은 철저히 메시지를 담은 율동적 춤을 추었고, 간주 부분은 현대적인 스텝을 이용해 동시대적인 공감을 이끌어 내었다. 간주 때는 관련된 메시지를 선포했고, 모여든 사람들에게 전도지와 교회 홍보지를 나누어 주자, 사람들은 거부 반응 없이 전도지를 읽었다. 이것을 보면서 춤이 확실한 선교의 매개체임을 확신하게 되었다.

그런 가운데 하나님은 당시 워십댄스 사역을 하는 공연팀을 만나게 하셨다. 멘토, PK, DMT 등의 팀들을 만나 교제하고, 이 사역에 대한 비전을 나누고, 배우게 하셨다. 그중 우리 공연팀인 유리바다가 선교팀으로 처음 진출한 갓피플 사이트를 통해 CCD 사역을 하게 되었고, 갓피플 인터넷 사이트 행사에 참석했다가 CCD 사역을 담당하는 한 형제를 만나 워십댄스 동영상을 올리게 되었다.

CCM_{Contemporary Christian Music}이란 기독교 문화로서의 음악을 의미하는데 CCD는 'Contemporary Christian Dance'를 의미하는 것으로, CCM의 뒷부분에 Music대신 Dance를 넣은 것이다. 즉 '동시대적인 크리스천 현대춤'을 의미한다.

본격적인 워십댄스 사역을 하게 된 나는 그해 신학대학원에 입학했다. 그리고 신학대학원에서 전도사님들에게 워십댄스를 가르쳐 주었고 함께 나누었다. 1학기 중에 한 전도사님이 「기독신문」에 게재된 사역자 모집 공고문을 내게 가지고 와서 "전도사님은 율동을 잘하니 사랑의교회 유년부 전도사로 지원해 보세요"라고 권유했다. 그 말을 듣고 처음으로 사역자 지원을 했고, 결국 하나님의 은혜로 사랑의교회 유년부에서 사역하게 되었다.

처음 들어와서 분위기를 익힌 후, 찬양팀에서 율동을 열심히 했고, 여름캠프 때에는 뮤지컬을 만들어 교사들과 공연도 했다. 열심히 춤추며 사역을 하던 중 어느 날 담당 목사님께서 이렇게 말씀하셨다. "전도사님, 전도사님의 사역은 말씀과 기도 사역이지 춤추는 사역이 아니에요. 그러니 앞으로 춤추는 사역을 자제하시면 어떨까요?" 그 말씀을 듣고 마음이 답답하긴 했으나 순종하는 마음으로 공개적으로 워십댄스를 하는 것을 피하고 교사들에게만 워십댄스를 가르쳐 주었다. 마음과 몸이 무엇엔가 묶인 듯 답답했다. 그러다 하나님께서 주신 비전을 이루어야겠다는 생각에 말씀을 손유희로 만들어 보았다. 워십댄스를 공개적으로 할 수 없었기에 말씀 요절로 손유희라도 해야겠다는 생각이었다.

사랑의교회에 처음 부임했을 때, 신임 사역자들은 영상으로 전교인에게 소개되곤 했는데, 그때 어떻게 나를 소개할까 고민하다가 만든 것이 요한3서 2절로 만든 손유희였다. 전교인에게 손유희로 인사한 것은 당시 큰 충격이었는지, 모두 웃음바다가 되어 사회를 보는 목사님이 "이것은 방송 사고입니다"라고 말씀하셨다고 한다. 나도 그 방송이 나간 예배를 마친 후 창피하여 주보로 얼굴을 가리고 나왔었다. 나는 이후 설교할 때마다 말씀 요절을 손유희로 만들었고, 사랑의교회 유년부 홈페이지에 "요절 암송 동영상"이라는 코너도 만들었다.

이렇게 하나님을 기뻐하는 춤에 대한 열정은 결국 신학대학원 졸업 논문의 주제가 되었다. 논문 제목은 "기독교 문화로서의 CCD에 대한 연구"였다. 하나님께 받은 비전으로 춤을 신학적으로 정립하고 싶었는데, 이 논문은 시작부터 쓰기가 무척 어려웠다. 최소한 참고할 논문이 한 권은 있어야 하는데 전혀 없었다. 논문 도서관에서 "춤, 워십댄스, CCD"라는 용어로 검색을 해보았으나 신학 분야에서는 전혀 나타나지 않았다. 열정은 있었으나 자료가 전혀 없어 포기해야 하는 상황이었다.

하지만 하나님께서 주신 꿈을 포기할 수 없어 수소문 끝에 워십댄스를 오래 하셨고, 잘하신다는 온누리교회 박에스더 선생님께 연락드렸다. 식사 자리를 마련하여 비전을 나누고 듣는 중 반가운 소식을 들었다. 우리 교단에 내가 쓰려는 워십댄스에 대한 논문이 있다고 하셨다. 그 논문의 제목은 "경배 무용을 통한 효과적인 기독교 커뮤니케이션의 원리와 실제"였고, 논문 제목이 내가 검색한 용어로는 나타나지 않았기 때문에 미처 발견하지 못했던 것이다. 이 논문을 발견한 후 참고문헌을 역추적하여 무용계 쪽에서 기독교인들의 논문을 더 발견하여 참고하게 되었고, CCD에 대하여 성경적이며 신학적으로 완벽하게 정립하게 되었다.

어린이 워십댄스 설교 샘플

설교 제목 : "예수님의 제자는 기쁘게 춤추며 찬양해요"

"여호와는 나의 힘이요 노래시며 나의 구원이시로다 그는 나의 하나님이시니 내가 그를 찬송할 것이요 내 아버지의 하나님이시니 내가 그를 높이리로다"(출 15:2).

상황 1. 홍해를 건너 하나님을 찬양하는 남자들 ("내게 강 같은 평화")

해설 | 여러분, 모세와 이스라엘 백성들이 홍해 바다를 건넌 사건 알죠? 그 사건 이후에 남자들이 자신들이 구원받음에 흥분하며, 저마다 놀라운 감동의 순간을 고백했어요.

백성1 | 여보게, 자네도 보았지? 큰물 벽 아래로 물이 마구 흘러넘쳐 애굽의 군대를 덮치는 것을…. 참으로 놀라운 광경이었어. 내가 이스라엘 백성이라는 것이 참으로 다행이라고 생각했네.

백성 2 | 아, 그러게 말이야. 순식간에 넘쳐나는 그 물결에 나도 깜짝 놀랐다고. 그건 그렇고, 어떻게 홍해가 갈라졌는지 자네는 아나?

백성1 | 난 모르지. 그럼 모세 님에게 물어보자고. 모세 님, 어떻게 홍해가 갈라진 것입니까? 그 비밀을 알려 주세요.

모세 ｜ 아, 그거요? 그건 바로 제가 홍해 앞에서 지팡이를 들고, 바다를 내리치자 하나님께서 있는 힘껏 입으로 바람을 훅, 부니깐 바다가 옆으로 쫙 찢어지듯이 갈라진 것이고, 애굽의 군대가 오자 바람을 오히려 안으로 흡입하시니까 바다의 벽이 모인 것입니다. 모든 것이 우리를 구원하신 하나님의 전능하신 능력 때문이지요?

백성 2 ｜ 우아, 우리 하나님은 정말 못 하시는 것이 없는 분이시네요.

백성 1 ｜ 맞아요, 맞아. 제가 방금 들었는데, 주변의 가나안 주민들이 이 소식을 듣고 난리가 났대요. 그들은 바로 하하하하나님의 '하' 자만 들어도 무서워 벌벌 떨고, 이이이이스라엘의 '이' 소리만 들어도 도망을 간대요.

백성 2 ｜ 아하 그렇구나. 모세 님, 우리는 정말 가나안 땅으로 힘들지 않고, 편안하게 갈 수 있게 되겠네요. 제게 강 같은 평화가 넘칩니다.

백성 1 ｜ 저는 샘솟는 기쁨이 넘칩니다.

모세 ｜ 아, 정말요? 그럼 우리 이 기쁨을 느끼며 가만히 있으면 안 되지요? 그럼 우리 나이 드신 선생님도 너무나 잘 아는 찬양 "내게 강 같은 평화"를 온몸으로 찬양해 봅시다.

백성 2 ｜ 아, 좋습니다. 오늘 설교는 찬양 워십댄스 설교라 그러던데. 그럼 우리 모두 "내게 강 같은 평화"를 함께 춤추며 찬양해 봅시다. 여기 모세 님을 비롯하여 남자들만 있으니 우리 유년부 남자 선생님, 남자 친구들만 일어나서 "내게 강 같은 평화"를 춤추며 찬양하겠습니다. 그럼 뮤직 큐! 율동, 내게 강 같은 평화….

백성 1 ｜ 오, 놀라워요. 이제 나도 예수님의 제자로서 이렇게 춤추며 찬양하며 날마다 기쁨을 누리고 살고 싶어요.

백성들 ｜ 저도요! 저도요!

해설 | 이렇게 이스라엘 남자들은 자신들이 홍해를 건넌 감동적인 장면을 나누며, 주님이 주시는 기쁨과 평화를 춤추며 찬양했어요. 그리고 그 옆에 있던 이스라엘 여인들도 홍해를 건넌 이야기를 나누었어요.

상황 2. 구원의 기쁨으로 찬양하고, 춤추는 미리암과 여인들("춤추며 찬양해")

여인 1 | 호호호. 정말이지 저기 남자들도 막 노래하고 춤추는 것 같은데, 나도 갑자기 노래하고 춤추고 싶어요.

여인 2 | 나도요, 우리 무슨 노래를 부를까요?

여인 1 | 호호. 홍해 바다니깐 음, 아! 이런 노래가 생각이 나요. "나의 바다야, 너의 바다야, 너를 사랑해. 나는 바다가 좋더라."

여인 2 | 무슨 노래예요?

여인 1 | 음음, 그러게요. 세상 노래가 익숙지 않아서요.

여인 2 | 그럼 나는 이 노래가 기억나요. "별이 쏟아지는 해변으로 가요. 해변으로 가요. 바닷물이 갈라지는 해변으로 가요." "다시 여름으로 바다에 놀러 가고 싶어라…." 아야! 누구야?

해설 | 노래하고 있는 여인 뒤에 모세의 누나 미리암이 서 있었어요.

여인 1 | 앗, 미리암 님.

미리암 | 이보세요, 저쪽의 남자들은 하나님의 역사하심에 감격하여 춤추며 찬양하고 있는데, 당신들은 뭐 "나의 바다야, 너의 바다야, 해변으로 가요" 이상한 노래만 부르고, 뭐 하는 거예요? 우리도 하나님을 찬양하며 춤추어야 할 것 아니에요?

여인 | 네에, 미리암 님. 저희가 이집트를 나온 지 얼마 되지 않아 춤추며 찬양하는 데 익숙하지 않아서요. 무슨 찬양을 해야 하는지요?

미리암 ┃ 자, 그럼 나와 함께 찬양해 봅시다. 찬양하는 방법을 알려 드릴게요. 먼저 반주가 필요하니 자, 이렇게 소고를 잡고.

여인 ┃ 소고를 잡고.

미리암 ┃ 소고 소리, 탱탱탱

여인 ┃ 탱탱탱, 어 이거 탬버린이에요.

미리암 ┃ 아, 그렇지요? 소고는 이 시대의 탬버린이라 할 수 있지요? 자 그리고 탱탱탱, 소리에 맞추어 목을 가다듬고.

여인 ┃ 네에, 탱탱탱, 목을 가다듬고.

미리암 ┃ 자 따라 하세요. "아하~ 아하~ 아하~ 하하하하하하"

여인 ┃ 저 미리암 님, 이건 찬양도 아니고, 탬버린 연주도 아니고, 돼지 비명 같은데요.

미리암 ┃ 아, 그런가요. 그럼 목소리 연습 끝내고, 자 함께 춤추며 찬양합시다. 저를 따라 하세요. "춤추며 찬양해. 나의 왕 주님께."

여인 ┃ "춤추며 찬양해 나의 왕 주님께." 어, 그런데요, 미리암 님. 이 노래는 들어본 것 같기도 한데요.

미리암 ┃ 네에, 맞아요. 중요한 것은 홍해를 가르시고, 우리를 구원하신 그 하나님 앞에서 부끄럼 없이 춤추며 찬양해야 하는 거예요. 알겠어요?

여인 ┃ 네에.

(그러자 옆에 있던 한 할머니가)

할머니 ┃ 허허, 미리암 님, 저는 나이도 많고, 허허 몸이 굳어 춤을 추기가 좀 어려운데요. 호호호.

미리암 ┃ 그래도 우리를 구원하신 하나님 앞에 자존심을 다 버리시고, 춤추며 찬양하세요, 우리 할머니도 일단 한번 춤추며 찬양해 보세요.

할머니 ㅣ 아, 네. 알겠습니다. 저도 춤추며 찬양하는 할머니 되겠습니다. (할머니 목소리로) "나 춤추리, 자존심 다 버리고 기뻐해." 어, 어, 미리암 님, 제 몸이 저절로 움직여요. 호호호(전신 웨이브).

미리암 ㅣ 우아, 할머니 춤 잘 추시네요. 자 우리 모두 춤추며 찬양합시다. 자 유리바다, 여자 선생님 앞으로 나와 주세요. 이 시간에는 여자 선생님, 여자 친구들만 일어나서 미리암과 여인들처럼 춤추며 찬양할 게요. 이 시간에 우리를 구원하신 하나님 앞에 춤추며 찬양하겠습니다. 뮤직 큐! 춤추며 찬양해, 함께 율동!

여인1 ㅣ 미리암 님, 정말 미리암 님 말씀처럼 하나님 앞에서 춤을 춘다고 생각하니 기쁘게 춤추며 하나님을 찬양할 수 있네요.

미리암 ㅣ 그렇지요? 우리가 이렇게 춤을 추며 찬양하는 것은 우리가 하나님께 구원받았기 때문이에요. 그 구원하심을 깨닫는 자는 가만히 있을 수 없어요. 그렇지요? 모세 님.

모세 ㅣ 맞습니다. 미리암 님, 이렇게 춤추는 것은 마치 물에 빠졌다가 누가 날 건져 주면 그 사람에게 꼭 감사의 표현을 하는 것과 비슷합니다. 우리는 우리를 구원하신 하나님 앞에 어린아이처럼 춤추며 찬양해야 되겠어요. 남자 친구들, 여러분도 알겠습니까?

남자 ㅣ 네에, 앞으로 우리는 예수님의 제자로서 우리를 구원하신 주님을 더욱더 춤추며 찬양하겠습니다.

해설 ㅣ 그리하여 홍해를 건넌 모세와 미리암 그리고 모든 이스라엘 백성들은 자신을 물에서 건지시며, 구원하신 하나님을 사랑하는 마음으로 자신의 목소리로, 악기로, 온몸으로 춤추며 찬양하는 멋진 예수님의 제자가 되었답니다.

사랑하는 어린이 친구들~

질문 1 | 홍해를 지난 모세와 미리암 그리고 이스라엘 백성들은 하나님을 향하여 무엇을 했나요?

대답 1 | 네에, 목소리로 찬양하며, 소고 치며 찬양하며, 춤추며 찬양했어요.

질문 2 | 그럼 왜 춤까지 추면서 하나님을 찬양했나요?

대답 2 | 자신을 구원해 주신 하나님을 목소리로, 소고로 찬양해도 마음에 차지 않자 온몸으로 하나님을 찬양했어요.

그래요, 우리가 춤추며 찬양하는 것은 우리를 구원하신 하나님께 우리의 온 맘과 정성을 표현하는 방법이에요. 그러면 놀라운 기쁨이 임하고, 그 춤추며 찬양하는 모습을 하나님께서 크게 기뻐하실 거예요. 춤추며 찬양하여 하나님만을 더 기쁘게 하는 예수님의 제자가 되길 바랄게요.

남자 친구들!

여러분은 나를 구원하신 하나님만을 온전히 찬양할 거예요. 그렇게 찬양할 친구들은 두 손 들고 찬양! 하나님, 우리가 우리를 구원하신 하나님만을 더욱더 춤추며 찬양할게요.

여자 친구들!

여러분은 나를 구원하신 하나님 앞에 춤추며 찬양하는 예수님의 제자가 될 거예요. 그럴 친구들은 두 손 들고 아멘! 하나님, 우리는 우리를

구원하신 하나님 앞에 더 열심히 춤추며 찬양하는 예수님의 제자가 되
겠습니다.

2부 말씀을 실천하는 주일학교 이야기

2005년, 나는 사랑의교회 유년부를 담당하는 교역자가 된 후 유년부 교사로 구성된 '유리바다 댄스팀'을 만들었다. 선발된 교사들을 먼저 큐티 훈련의 기본인 영성 훈련을 시켰고, 이어 교사 제자훈련을 받게 하였다. 그러면서 매주 유년부 어린이 예배를 섬기는 사역을 함께하게 되었다. 주일 유년부 예배를 마칠 때는 "한 달 주제 찬양"을 만들어 한 달 동안 배운 성경 인물과 관련 주제를 유리바다 팀이 워십댄스를 하고 찬양하여, 아이들이 그 메시지를 확실히 기억할 수 있도록 하였다. 또한, 어린이 워십댄스팀도 강화하여 이름을 "다미팀"이라고 지었다. '**다**윗과 **미**리암처럼 춤추며 찬양하라'는 의미로, 특별히 예배 전 첫 순서에 체조 찬양이라는 형식으로 매주 찬양하게 했다. 즉, 유년부 예배는 시작과 끝을 춤으로 시작하여 춤으로 끝내는 축제 형식의 예배였다.

교사 워십댄스팀인 유리바다는 그 근거가 된 요한계시록 말씀처럼 유년부만 섬기는 것이 아니라 국내 선교를 다니면서 춤으로 복음을 전하는 팀이 되었다. 전라남도 지도섬과 강원도 임계, 풍익보육원, 명륜보육원 등 어린이 찬양으로 복음을 전할 수 있는 곳을 찾아 열심히 춤추며 복음을 전했다. 첫 선교지인 전라남도 지도섬에 가서 춤추며 복음을 전했을 때는 그곳 어린이들이 그 워십댄스를 너무 좋아해서 심지어는 화장실에 갈 때도 춤을 추며 갔다 오는 등, 선풍적인 인기를 누렸다. 이후 가는 곳마다 나와 유리바다 댄스팀은 우리만의 워십댄스인 CCMD Christian Contemporary Mission or Message

를 추구했다.

CCMD는 CCD의 메시지를 강조하기 위해 내가 만든 말이다. 이는 기존의 율동이 가지고 있던 한계를 현대적인 기법으로 극복하되, 메시지 전달력이 떨어지는 부분을 보완하기 위한 것이다. CCD의 처음 부분과 간주 부분에서는 다양한 현대적인 장르의 춤이 적용되지만, 가사 부분에서는 율동을 통해 메시지를 철저하게 전하는 것이다. 즉, 상체는 주로 율동적인 표현으로 찬양 가사를 전달하는 데 중점을 두고, 하체는 현대적인 안무로 표현함으로써 율동적 요소와 현대적인 춤을 결합한 것이다. 이러한 춤은 현대적인 형태를 띠면서도, 복음을 전하고 하나님께 다가가도록 하는 전도적 요소가 강한 특징을 지녔고, 무엇보다도 재미있게 창작했다. 그리고 어렵지 않으면서 되도록 같은 동작이 반복되도록 하여 쉽게 춤을 익힐 수 있도록 했다.

2011년에는 하나님께서 해외 선교의 길을 열어 주셔서 말레이시아 페낭에서 우리의 춤으로 어린이 사역을 전하고 나누었다. 회교권의 조용한 분위기에 익숙한 그들이 너무 신이 나서 펄쩍펄쩍 뛰며 찬양하던 모습이 지금도 눈에 선하다. 말레이시아인, 중국인, 서양인까지 모두가 춤추며 찬양하는 선교의 현장에서 유리바다 팀의 근거 말씀인 요한계시록 구절이 생각났다. 민족과 열방 가운데 복음을 춤으로 전하고 만국이 주께로 돌아오는 역사를 함께 경험하게 된 것이다.

이러한 사역을 함께한 교사댄스팀 '유리바다' 선생님들은 다음과 같이 간증했다.

"교사 워십댄스 팀 유리바다 사역을 하나의 단어로 줄여 보자면 '신비'입니다. 말씀을 마음에 새기는 '심비'처럼 워십댄스 사역은 진리의 말씀을 몸에 익혀 새기는 영광스런 특권의 시간이었습니다. 어린이 찬양은 참 순수하고 간결하지만 진리는 고스란히 다 들어 있기에 때로는 더욱 강력한 힘이 있습니다.

말씀을 암송하려면 반복해야 하듯이 워십댄스를 하려면 찬양 가사를 반복해서 묵상해야 하고, 가사에 근거한 동작을 익혀 내 것으로 만들어야만 무대에 설 수 있습니다. 몸으로 자전거 타는 법을 익히면 절대 잊지 않는 것처럼 몸을 움직여 말씀을 표현하고 기뻐하다 보면 말씀이 곧 내 것이 됩니다. 또한 선교지에서 워십댄스의 힘은 참으로 강력합니다. 언어도 다르고 문화도 다른 곳에서 워십댄스를 통해 낯설고 어색한 시간들이 눈 녹듯 녹아 내리고, 마음을 열며 하나가 되는 '신비'로운 장면을 여러 번 목도하였습니다. 글을 쓰면서 복음을 몸으로 전하는 일에 쓰임 받았던 지난 시간들이 하나하나 떠오릅니다. 부족한 저를 하나님의 도구로 사용해 주신 것에 감사할 뿐입니다."

"유년부에 처음 교사로 들어오면서 목사님의 권유로 교사 워십댄스

팀 유리바다에 들어가게 되었다. 처음에는 쑥스러웠지만, 워십댄스를 하다 보니 어느새 나는 즐겁게 웃고 있었다.

그런데 나뿐만 아니라 워십댄스 사역이 아이들의 마음도 쉽게 열어 준다는 것을 느낄 수 있었다. 처음 만난 유년부 아이들도, 선교지의 낯선 아이들도 워십댄스를 시작하고 나면 금세 친해졌고, 유행하고 있는 k-pop과 아이돌 가수에 열광하는 것이 아니라 하나님을 찬양하고 춤추는 일에 하나가 되었다. 어른들도 마찬가지다. 그동안 춤춰 보지 않아서 굳은 몸을 움직이기 쑥스러워 하지만, 쉽게 따라 출 수 있는 유리바다 워십댄스를 함께 추면 모두가 함박웃음을 지으며 즐거워했다.

어쩌면 우리는 다윗처럼 마음속 깊이 하나님께 춤추며 찬양하고 싶은 욕구가 있는 게 아닐까? 나는 상상해 본다. 집에서 아빠, 엄마와 아이가 다같이 기도하고 말씀 보는 것뿐만 아니라, 춤추며 찬양하는 모습을 기대해 본다."

"주님께선 우리를 통해 때때로 죽어 있는 찬양예배를 살리기도 하시고, 복음을 전하게도 하신다. 그리고 가장 특별한 은혜가 있는데 그것은 우리 어린이들에게 웃고 계시는 기쁨의 하나님을 만날 수 있도록 우리를 통로로 사용하여 주신다는 것이다. 최 목사님의 주일학교 목회 철학을 바탕으로 우린 큐티를 하지 않으면 무대에 서지 않는다. 주님께서는 때때로 우리에게 교만하지 않는 마음, 하나님께 영광 돌

　　　　　　　　　　　　　2부 말씀을 실천하는 주일학교 이야기

리는 찬양, 이웃을 사랑하는 마음 등을 주문하시며, 먼지로 가득한 우리의 마음을 흰 눈처럼 양털처럼 말씀으로 정화시킨 후 예배자로 세워 주신다. 때에 맞게 돕는 은혜를 베푸시는 주님으로 인해 우리는 유리바다 사역을 하며 늘 은혜의 빚진 자로 산다. 그렇게 섬긴 지 5년, 난 어느덧 주님을 더 가까운 곳에서 만나고 있는 것 같다. 맨 처음 유년부 예배에서 유리바다를 봤을 때는 아이들 찬양에 맞추어 어른들이 진짜 열심히 춤을 추는 것이 마냥 신기했고, 보는 내내 내 심장이 뛰었다. 워십댄스가 아이들의 마음 문을 여는 강력한 열쇠가 되는 것 같다. 예전 여름캠프 때 연예인 신봉선 씨가 우리와 같이 연습하면서 놀라워하며 우리에게 물었던 게 아직도 기억이 남는다. '다들 직업이 있으신 거예요? 그런데 이렇게 워십댄스 팀으로 봉사하시는 거예요?' 유리바다 워십댄스 사역은 단순한 율동이 아닌 천국을 향한 그 무엇인 것 같다. 언제나 항상 주님께 감사드린다."

우리가 모두 어느 곳이든, 어떤 모습이든 다윗과 미리암처럼 춤추며 다음 세대와 지금 세대에게 복음을 전하여 하나님 나라를 확장시키는 축복의 통로가 되길 소망한다.

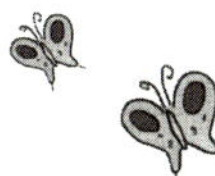

어린이들이 공연을 보기 위해 많이 모여들면
준비된 사탕을 나누어 주고, 손가락으로 복음을 전했다.
아이들은 너무 쉽게 복음을 받아들였다. 그때 하나님께 이렇게 기도했다.
"하나님, 전도에 큰 유익이 있는 워십댄스를 제게 비전으로 주세요."
그 후 워십댄스는 나의 비전이 되어 나는 춤추며
전도하는 사역에 더 집중하게 되었다.

너는 믿는 자를
전도하라

주일학교 교사였던 나는 워십댄스로 열심히 전도한 어린이들을 큐티로 양육하는 데 더 열심을 내고 있었다. 그리고 한편으로는 어렸을 때 품었던 '공직사회에 빛과 소금이 되겠다'는 꿈을 이루고자 열심히 공무원 시험을 준비했다.

학부 때 행정학을 전공했고, 나라의 일을 하는 것에 비전을 가졌던 나는 학과 공부하는 것을 좋아했다. 그래서 군대 복학 후 전공수업을 많이 들었고, 교수님께 질문도 많이 했다. 강의가 끝날 때면 나는 여지없이 질문했고, 그로 인해 학과 동기와 선배들이 나를 싫어했다. '너 때문에 강의가 늦게 끝난다'며 질문 좀 그만하라고 다그쳤지만, 그래도 나는 질문을 할 수밖에 없었다. 예수님을 인격적으로 만난 나는 전공인 행정학에서 하나님의 영광을 드러내야 한다는 비전이 있었기 때문이다.

어느 날은 강의를 끝나고 나가는 전공 교수님께 다가가 여쭈어보았다. "교수님, 이 나라 행정과 체제가 어떻게 변화되어야 국민 전부가 행복하고 평화롭게 살 수 있을까요?" 나의 질문에 교수님은 마치 예수님처럼 이렇게 말씀하셨다. "학생, 우리나라는 서구의 역사처럼 한번도 아래 계층이 최상위 정권을 뒤바꾸는 일이 없었다네. 그리고 이 정치 체제를 단번에 바꾸기 위해 무력과 폭력으로 쿠데타를 일으키면 반드시 다른 혁명이 일어나게 되어 있네. 그러므로 우리가 모두 바라는 국가 행정을 이룩하기 위해서는 나 자신이 먼저 법치국가의 모범이 되어야 하네. 예를 들어 새벽에 자동차를 운전하다가 차가 없더라도 정지 신호가 켜지면 인내하고 지켜야 하고, 그리고 그러한 삶을 유지하며 행복해하고 즐거워하는 거지. 그런데 주의할 것은 그렇게 지켜야 한다고 다른 사람에게 말하면 안 되네. 그저 법을 지키는 모습을 보여주고, 다른 사람이 내가 행복해하는 모습을 보고 '나도 저렇게 지켜야겠다'라고 생각하며 스스로 지키는 사람들이 많아지면, 마침내 우리가 바라는 행복한 사회, 제대로 된 국가 행정이 세워질 것이네."

나는 대학교 교정 잔디밭에서 이 말씀을 듣고 큰 도전을 받았다. 교수님의 말씀이 예수님의 말씀과 동일했다. 예수님은 자신의 제자

　　　　　　　　　2부 말씀을 실천하는 주일학교 이야기

들에게 일방적인 가르침이 아닌 대신 삶을 보여주심으로 하나님의 말씀에 순종하는 삶이 행복한 삶임을 알려 주셨다. 그리고 그 가르침을 받은 제자들은 한 사람이 한 민족을 변화시키는 위대한 제자가 되어, 당시 고대 사회에 큰 영향력을 끼치고 새로운 차원의 사회를 이룩했다.

나는 이러한 신념을 지니고 공무원 공부를 하면서 '법을 제대로 지키며 장차 부패하고 타락한 공직사회의 빛과 소금이 되겠다'고 다짐하며 최선을 다했다. 어떤 때는 공부를 너무 열심히 하다가 빈혈이 생겨 쓰러지기도 했지만, 그러면서도 하나님의 일을 소홀히 하지 않기 위해 주일만큼은 아침부터 저녁까지 주일학교 교사, 성가대, 중고등부 보조교사, 청년부 활동, 오후 예배 싱어 등을 하며 온 힘을 다해 교회를 섬겼다.

마침내 공무원 시험을 보게 되었다. 시험 볼 때는 성령 충만하여 내가 마치 수석 합격할 것 같은 기대로 가득했다. 그런데 점수가 예상했던 것보다 낮게 나와 크게 실망했다. 이어진 시험에서도 계속 떨어졌다. 하지만 공직사회의 '빛과 소금이 되겠다'는 비전을 버릴 수 없어 간절히 기도했고, 꿈을 저버리지 않았다.

그러던 1999년 9월 30일, 도서관에서 오전 공부를 마치고 점심 후 공부로 들어가기 전, 머리도 식힐 겸 경건 서적을 찾다가 『성경으로 여는 세계사』라는 책을 발견했다. 그 책의 요지는 세계 역사가 바로 성경에 근거한 것이며, 하나님의 역사는 고대 이스라엘에서 끝나는 것이 아니라, 역사를 살아가는 우리와 밀접한 연관이 있다는 내용이었다. 잠깐만 보려고 했는데 계속 집중이 되었고, 전체 세 권 중 한 권을 저녁 늦게까지 보았다. 책을 읽으면서도 '공부하러 가야 하는데…'라는 생각이 들었지만, 책을 놓을 수 없었다.

다음날 역시 아침 일찍부터 그 책을 다시 잡았고 종일 세 권을 다 읽었다. 그리고는 놀라운 사실을 알게 되었다. 모태신앙이었던 나는 하나님이 저 멀리 계시는 분이라고만 어렴풋하게 알고 있었는데, 그 크신 하나님은 인간의 역사에 철저하게 개입하시고 일을 이루심을 확신하게 되었다. 그리고 하나님은 역사적이고 사실적이며 개인적인 분이심을 깨달았다. 그날 저녁 도서관 앞 교회 기도실에서 역사의 주인이신 하나님을 소리 높여 찬양하며 경배했다.

찬양하다가 나도 모르게 내가 깜짝 놀랄 고백이 나왔다. "역사의 주인이신 하나님! 주께서 원하시면 제가 평생 주의 길을 가겠습니다." 이렇게 고백하고 나는 몹시 당황했다. 한 번도 목회자가 되겠다고 생각해 보지 않았기 때문이다. 그래서 그 고백을 한 자리에서 하나님께 이렇게 말하고 싶었다. "주님! 이 고백은 취소입니다." 하지만 거룩하신 주님 앞에 고백한 것을 취소하기가 몹시 두려웠다. 바로 그때 기드온이 생각나면서 하나님께 기드온처럼 표적을 구했다. "하나님! 부족하고 연약한 제가 목회자의 길을 가게 된다면 기드온처럼 표적을 보여주시옵소서. 제가 이번에 시험을 보는데, 그 시험에 수석 합격시켜 주시면 제가 그 합격증을 찢고 신학대학원 입학을 준비하겠습니다.”

그리고 나는 다시 공부를 열심히 했고, 만약 수석이 아니라 그냥 합격이면 공무원의 길을 그대로 가고자 했다. 그 고백을 하고 열흘 후 다시 찾은 기도실에서 나는 깜짝 놀랄 주의 세밀한 음성을 들었다. “재윤아… 네가 기드온이냐?” 이렇게 물으시는 하나님 앞에 나는 너무 당황하여 “네? 네에, 하하하하나님” 하고 말을 더듬었다.

“기드온은 자신의 목숨을 걸고 나가는 전쟁을 앞두고 내게 표적을 구하여서 보여주었거늘 너는 전쟁을 하는 것도 아니고, 목숨을 거는 일도 아니니 너는 내 길을 가라.” 너무나 강력하면서도 부드러운 그 음성에 나는 다른 어떤 대답도 할 수 없었다. “네에, 주님. 제가 주의 음성에 순종하겠습니다.” 그저 이렇게 말씀드렸다. 그때의 대답이 지금 목회자의 길을 가게 된 결정적인 계기가 되었다.

“너는 앞으로 믿는 자를 전도하게 될 것이다”라는 하나님 말씀에 다시 충격을 받은 나는 “하나님, 어떻게 믿는 자를 전도하나요? 전도는 믿지 않는 자를 대상으로 하는 것이 아닌가요?” 하고 여쭈었다. 그러자 하나님께서는 말씀하셨다. “그래, 재윤아. 교회 안에 너처럼 말씀을 생명의 양식으로 매일 먹는 자가 별로 없구나. 그래서 너처럼 말씀을 생명의 양식으로 알고 매일 먹고 살아가는 자를 세워야 한단다. 너는 평생 그 일을 감당하는 자가 되어야 한단다.”

그 세밀한 음성을 듣고 나는 그때부터 미친 듯이 말씀을 가르치며 큐티에 목숨을 걸고 그것을 주변의 사람들에게 전하게 되었다.

그때 주님이 말씀하신 또 한 가지는 "네가 앞으로 ○○○○○교회를 섬기게 될 텐데 그 교회에서 이렇게 사역하여라"는 것이었다. 이렇게 하나님께서는 특별히 나의 평생 비전이 되는 큐티와 워십댄스에 대한 명확한 용어를 구체적으로 주셨기에 그 내용을 노트에 적어 두고, 내가 섬기는 부서인 유년부에 하나씩 적용하기 시작했다.

먼저 양육 공동체에 대한 비전의 구체적인 용어로 "어매매기어"를 주셨다. '**어른**과 어린이가 **매**일 성경 묵상하고 **매**일 **기**도하는 **어른**과 어린이'라는 뜻의 "어매매기어"는 이제 사랑의교회 유년부 어린이 제자훈련의 명칭이 되어 매일 성경묵상을 하는 말씀학교 과정과 매일 기도하는 기도학교 과정이 세워졌다. 어린이 제자훈련 담당 교사들이 먼저 매일 큐티와 매일 기도를 함으로써 어린이들이 성장하고 양육되도록 사역했다. 즉, 양육 공동체의 비전을 세우고 진행하여 믿는 자를 전도하게 한 것이다.

또한, 이렇게 양육된 사람들이 '유리바다' 공동체(계 15:2-4)에 들어와 워십댄스와 연극, 구연동화, 영상 등으로 복음을 전하는 전도 공동체의 비전을 세우고 진행했다. 그래서 공동체에서 받은 은혜를 전도와 선교로 이어지도록 부서를 운영하게 되었고, 이를 통하여 궁극적으로 예수님께서 구약의 십계명을 신약의 두 가지 큰 계명으로 정리하신 "하나님을 사랑하고, 이웃을 사랑하라"(막 12:30-31)를 이루도록 했다. 이러한 공동체의 이름은 바로 "하다니"이다. '**하**나님 먼저 **다**른 사람 두 번째 **니**는 세 번째야.' '이렇게 예수님과 함께 기쁨을 누리게

하다니 이렇게 만나 비전을 나누게 **하다니** 이렇게 책을 쓰게 **하다니'** 등, 생활 속에 교사와 어린이들이 하나님을 사랑하고, 이웃을 사랑하도록 주신 말씀을 묵상하고, 은혜를 받아 그 복음의 말씀을 주변의 이웃들에게 전하는 공동체의 비전을 소명을 그 자리에서 받은 것이다.

이러한 "하다니" 공동체의 비전을 사랑의교회 유년부의 목표로 선정하여 하나님이 주신 대계명을 이루도록 강조하였다. 그리고 이러한 하다니 공동체의 비전은 내가 어린이 주일학교 팀장이 되면서 '캔-스토리'라는 비전으로 확대되었다. 다음은 사랑의교회 「우리지」 신문에 기재한 캔-스토리 사역에 대한 소개글이다.

사랑의교회 어린이 주일학교 사역 원리

"CAN-STORY"는 사랑의교회 어린이 주일학교를 말한다.
사랑의교회가 하나님의 말씀으로 제자훈련을 하여 성도들 속의 잠재력을 깨워 땅끝까지 이르게 하는 진정한 제자의 삶을 이루는 것과 같이, 어린이 주일학교의 사역 목적 역시 어린이들 눈높이에 맞추어 말씀 이야기를 전하여 어린이들을 예수님의 작은 제자가 되게 하는 것이다.
이는 예수님이 성경 전체를 통해 우리에게 주시는 교훈인 하나님 사랑과 이웃 사랑을 이야기를 통해 어린이들에게 전하는 데 있다. 마가복음 12장 30-31절에 "네 마음을 다하고 목숨을 다하고 뜻을 다하고 힘을 다하여 주 너의 하나님을 사랑하고… 네 이웃을 네 자신과 같이 사랑하라"는 말씀이 있다. 사랑의교회 어린이 주일학교는 예수님께서 우리에게 주신 최고의 계명을 성경 이야기를 통해 어린이들을 변화시키는 사역을 한다. 이것이 "캔-스토리" 사역이다.
캔CAN은 다음 세대를 깨운다는 사랑의교회 전체 주일학교의 이름이다 CalltoAwakentheNextgeneration. 사랑의교회 어린이 주일학교는 어린이들을 깨우기 위한 성경 이야기Story를 사용한다는 의미로 캔-스토리CAN-STORY 라고 부르게 되었다. 그런데 "캔-스토리"라는 개념을 2학년 이하 어린이들이 받아들이기 어려울 것 같아 쉬운 의미로 **하랑이랑**(예랑이랑) **이야기할래요**라는 표어를 사용한다. 여기서 하랑이는 어린이 주일학교를

대표하는 남자아이로서 '하랑'이라는 뜻은 바로 "하나님의 사랑"의 준말
이다. 또한 여기에 '이랑'이라는 뜻은 바로 "이웃 사랑"의 준말이다. 즉
하랑이라는 남자아이와 어린이들이 하나님 사랑과 이웃 사랑을 이야기
하는 것이다.

그리고 예랑이라는 여자아이가 있다. 예랑의 뜻은 "예수님 사랑"의 뜻으
로 "예랑이랑 이야기할래요"를 통해 예수님 사랑과 이웃 사랑을 이야기
하는 것이다.

이러한 사랑의교회 어린이 주일학교 사역을 통해 우리가 지향하는 어
린이들은 바로 '이야기'STORY이다.

Show God's love to others 하나님의 사랑을 보여주는 어린이

Tell Bible sermon to others 설교(성경) 이야기를 전하는 어린이

Obey God's Words everyday 하나님 말씀에 매일 순종하는 어린이

Raise God's Glory 하나님의 영광을 올려 드리는 어린이

Yield neighbors as yourself 네 자신과 같이 이웃에게 양보(사랑)하는
어린이

이러한 어린이들로 자라게 하기 위해 사랑의교회 어린이 주일학교에
서는 소그룹 사역으로 "설교 말씀 실천과 큐티 말씀 실천"을 강조하고
있다.

또한 사랑의교회 어린이 주일학교 대그룹 사역으로 캔-스토리-워십
CAN-STORY-Worship이 있다. 캔-스토리-워십은 찬양과 워십댄스, 설교 인
물을 통한 메시지 전달을 통하여 예배 전체를 이야기 형식으로 진행하
는 예배이다.

이러한 사랑의교회 어린이 주일학교의 이야기 사역에 대한 근거 말씀
은 바로 마태복음 13장 34-35절 말씀이다.

"예수께서 이 모든 것을 무리에게 비유(이야기)로 말씀하시고 비유(이야기)가 아니면 아무것도 말씀하지 아니하셨으니 이는 선지자를 통하여 말씀하신 바 내가 입을 열어 비유(이야기)로 말하고 창세부터 감추인 것을 드러내리라 함을 이루려 하심이라."

이는 예수님께서 창세의 비밀에 대한 진리의 말씀을 이야기로만 말씀하셨다는 것이다. 왜냐하면, 성경 진리 그대로 말씀하시면 당시 영적으로 어두운 유대 사람들이 못 알아들을까 봐 그들이 쉽게 알아들을 수 있게 이야기로 가르치셨다는 것이다. 그래서인지 예수님의 이야기를 듣고 싶어하는 어린이들이 많았다. 어린이들은 그 예수님의 이야기를 듣다가 자기도 모르게 하나님 나라의 꿈을 꾸게 되었다. 예수님의 이야기를 마음에 품고 실천한 당시의 어린이들은 훗날 한 민족을 변화시키는 위대한 제자가 되었다.

이와 같이 예수님의 이야기인 역사His-STORY가 바로 위대한 나의 이야기My-STORY가 되어 요셉과 같이 하나님의 꿈을 이루어 나가는 모든 사랑의교회 어린이가 되길 간절히 소망한다.

이러한 공동체에 대한 소명은 여호와 이레 주께서 이미 예비하 셨다. 1999년 봄에 아버지께서 갑자기 신학대학원에 가는 것이 어떻 겠냐고 제안하셨다. 그 당시 교회에 다니시지도 않던 아버지께서 그 말씀을 하신다는 것은 놀라운 일이었다. 나는 "아버지, 목회자는 자 신이 되고 싶다고 되는 것이 아니라 하나님께서 부르셔야 하는 것이 고, 저는 공직사회의 빛과 소금이 되는 비전이 있으니 계속 공부하 고 싶습니다"라고 말씀드렸다. 당시 아버지께서 그러한 말씀을 하시 게 된 계기를 나중에 알게 되었는데, 직장에서 어떤 분이 아버지께 갑자기 믿음생활에 대해 말씀하셨다고 한다. 그래서 갑자기 왜 그러 한 말을 하느냐고 하자 그분이 이렇게 말씀하셨다고 한다. "당신 주 변에서 누군가가 열심히 당신을 위해 기도하고 있어요. 그래서 나는 이렇게 도움이 되는 말을 하는 것입니다." 아버지께서는 "그렇게 기 도하는 사람은 제 아들인 것 같습니다"라고 하시자 그분이 "그 아들 이 앞으로 신학을 하여 목회자가 될 것이니 신학대학원에 들어가도 록 권하세요"라고 하여 아버지께서 내게 신학대학원 말씀을 하신 것 이다.

또 나를 위해 기도해 주시는 교회 집사님께서도 "최재윤 선생님, 제가 선생님을 놓고 기도하는데 주일에 시험 보는 공무원의 길은 선 생님께 맞지 않는 것 같네요"라고 조언해 주셨다. 또한, 내가 고모를 전도하고 고모네 교회에 갔을 때 그 교회 사모님께서도 "학생은 목 회자의 소질이 있고 하나님께서 부르실 거예요. 장래에 목회자가 되는 것이 어떤가요?”라고 권면하셨다. 이렇게 주께서는 나에게 소명을 주시기 전 이미 그 길을 예비해 놓으셨던 것이다.

생각해 보면 당시 주일학교 교사였던 나는 어린이 공과를 학년에 맞게 창작해서 만들고, 그 말씀을 아이들의 눈높이에 맞게 전하고자 최선을 다했다. 부장 선생님이 안 오시는 날에는 가끔 설교도 했는데 그것이 그렇게 좋았다. 그리고 아침 일찍 교회에 와서 미리 사둔 우유에 다음과 같이 글을 적었다. “예수님이 너를 사랑한단다.” 이렇게 적은 글을 우유에 붙여 예배 드리기 한 시간 전, 교회 근처 어린이들의 집을 찾아갔다. 문을 두드리면 잠에서 막 깬 아이의 어머니가 귀찮다는 표정으로 “아니 일요일 아침에 누구세요? 무슨 일로 우리 집에 오셨어요?”라고 하면, 나는 우유를 건네며 “예, 저는 ○○교회 주일학교 교사인데 자녀를 교회에 데려가고자 왔습니다. 혹시 자녀가 자고 있으면 깨워 주시고, 혹 못 일어나면 이 우유를 먹여 주세요”라고 말했다. 아이 어머니가 문을 닫고 들어가면 그 문고리를 잡고 아이가 교회에 나오도록 간절히 기도하며, 아이가 나오면 그 아이와 함께 다른 집을 다니며 아이들을 데리고 왔고, 혹 나오지 않으면 예수님의 사랑을 전한 우유를 통해 그 아이가 예수님의 사랑을 경험하기를 기도했다. 그리고 우리 반에 결석한 어린이가 있으면 그날의 공과 공부를 일대일로 함께하기 위해 예배가 끝난 후 바로 찾아갔다. 그러면 아이 부모는 고마워하며 아이가 교회에 나오도록 도와주셨다.

　　　　　　　　　　　　　2부 말씀을 실천하는 주일학교 이야기

나는 하나님께 소명을 받고 교회 목사님과 상담하면서 세 가지 관점에서 소명을 보게 되었다. 목사님께서는 하나님의 부르심의 확실성, 주변 환경의 부르심, 자신의 목회자 자질을 살펴보라고 상담해 주셨고, 내가 위와 같이 말씀드렸더니 목회자의 길을 가라고 말씀하셔서, 나는 이 길이 내가 평생 가야 할 길이라고 확신하게 되었다.

나는 공무원의 길을 포기하고 신학대학원을 준비했다. 결국 나는 "믿는 자를 전도하라"는 비전을 품고 나중에 『홀리데이 다이어리』 출판을 통해 믿는 자를 전도하는 많은 분을 양육하게 되었다.

바라건대 주님이 주신 가장 큰 계명인 하나님과 이웃을 사랑하여 그 사랑으로 성장하고, 주님이 주신 가장 큰 소명인 모든 족속, 특별히 다음 세대의 믿는 어린이들을 전도하고 양육하여, 또 다른 믿는 자를 전도하는 수많은 다음 세대의 어린이들과 교사들이 벌떼와 같이 일어나길 간절히 소망한다.

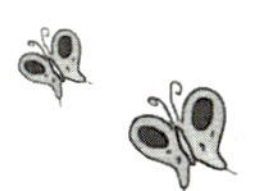

"너는 앞으로 믿는 자를 전도하는 자가 될 것이다"
"하나님, 어떻게 믿는 자를 전도하나요?
전도는 믿지 않는 자를 대상으로 하는 것이 아닌가요?"
"그래, 재윤아. 교회 안에 너처럼 말씀을 생명의 양식으로
매일 먹는 자가 별로 없구나. 그래서 너처럼 말씀을
생명의 양식으로 알고 매일 먹고 살아가는 자를 세워야 한단다.
너는 평생 그 일을 감당하는 자가 되어야 한단다."

○○야, 너도 선생님처럼

말씀대로 살아라.

Chapter 07

'믿는 자를 전도하라'는 비전을 가지게 된 나는 2001년 총신신학대학원에 입학했다. 그리고 주님의 은혜로 2001년 7월 1일부로 사랑의교회 유년부 전도사로 섬기게 되었다. 믿는 자를 전도하라는 소명을 받은 나는 큐티를 통해 유년부 선생님들을 온전한 영적 교사로 세우고자 열심을 냈다. 그러자 유년부에 소문이 나기 시작했다. "최전도사를 피하라. 큐티를 강요한다." 이 소문을 들으며 '아무에게나 전하면 안 되겠구나' 생각하며, 삶이 힘들거나 영적으로 갈급한 교사에게 큐티를 전하고 그들을 양육했다. 그 교사들과 함께 유리바다 워십댄스팀도 만들어 활동하면서, 그들을 어린이 제자훈련 교사로 세우고 함께 섬기게 되었다.

나는 2002년부터 사랑의교회 유년부 어린이 제자훈련 담당자로 사역하면서, 어린이들을 변화시키기 위해서는 교사들이 먼저 변화되어야 함을 강조했다. 그래서 어린이 제자훈련 전에 교사들이 큐티를 철저히 하도록 하고 기도회도 자주 하며 영적인 교류를 많이 했다. 교역자와 교사가 먼저 말씀과 기도로 나아갈 때 어린이 제자훈련이 온전히 서게 됨을 확신했기 때문이다.

주로 1년 중 1학기 8주, 2학기 8주로 진행되는 유년부 어린이 제자훈련은 1학기에는 말씀학교, 2학기에는 기도학교로 진행된다. 사실 그 전에 다른 커리큘럼이 있었으나 옥한흠 목사님의 제자훈련 1권 내용을 토대로 교재를 다시 만들어 유년부에 적용하였다. 기초 경건생활이 되는 어른 제자훈련 1권의 내용이 들어가는 것이다.

사랑의교회 어린이 제자훈련은 유년부만 해도 2학년 정원 50명을 모집하는데 지원율이 두 배 이상 된다. 그런데 어린이들을 면담하여 떨어뜨린다는 것이 쉽지 않아서, 어느 정도 객관적인 선생님의 추천(예배, 큐티)을 받고, 제자훈련을 진행하는 데에는 학부모의 역할이 중요하기에 학부모 기도회에 과반수 참석했던 부모의 자녀에게 우선으로 제자훈련 기회를 주었다.

훈련은 매주 토요일 3시 30분부터 5시까지 유년부실에서 진행했으며, 어린이 제자훈련이기에 먼저 오자마자 지난주에 배운 내용을 되새기는 복습 게임을 하게 했다. 당시 신대원에 다니면서 사역까

   2부 말씀을 실천하는 주일학교 이야기

지 하려니 참으로 분주했지만 내가 어린이 사역의 큰 원칙이라고 생각하는 재미 요소를 빠뜨릴 수 없었다. 그래서 제자훈련에 들어가기 전 복습 게임을 통해 지난주에 배운 것을 재미있게 익히고, 파워포인트로 재미있게 퀴즈도 만들어, 협동학습을 활용하여 게임식으로 복습하도록 유도했다. 이어서 주제에 맞는 찬양을 하고 어른처럼 철저하게 귀납적으로 훈련했다. 이후에는 그 과의 주제를 확실히 익히게 하고자 특별활동을 하여 만들기, 기념 글씨 남기기 등을 하고 그것을 집으로 가져가서 그 주제대로 사는 데 도움이 되도록 했다. 말씀학교에서는 각 주제 요절 두 개를 외워야 집으로 갈 수 있었으며, 기도학교에서는 마지막에 아이들과 함께 뜨겁게 기도회를 한 후 귀가하도록 했다.

다음은 유년부 어린이 제자훈련에 참석한 어린이와 교사들의 고백이다.

유년부 어린이들의 제자훈련 수료 소감

1) 진짜 예수님의 작은 제자가 된 것 같다. 생활이 힘들지 않고 기쁨이 넘친다.

2) 가정에서도, 길을 가면서도 찬양을 할 수 있게 되었다.

3) 말씀을 많이 보고 기도를 자주 하고 즐거워서 찬양을 했다.

4) 하나님이 여기 계신다고 생각해서 하나님을 높이며 생활했다.

5) 예수님 말씀에 더 순종하고, 기도 많이 하고, 사람들을 전도할 용

기가 생겼다.

6) 기도할 때 성령충만을 느꼈다.

7) 제자훈련을 통해 게임 시간을 줄이고, 말씀 보고 찬양하게 되었다.

8) 다음에도 또 제자훈련 받고 싶다. 친구들에게 말해 주겠다.

유년부 어린이 제자반 선생님들의 소감

1) 제자훈련을 통해 아이들과 내가 기도생활과 큐티생활을 규칙적으로 할 수 있어서 삶의 질서가 잡힌 느낌이다.

2) 기도학교에서 배운 실제적인 내용을 통해 아이들의 기도생활이 변화되었다는 부모님의 말씀을 들었다.

3) 처음에 말씀 암송을 힘들어했던 아이들도 말씀을 암송한 후 자신감을 갖게 되었다. 또한 기도학교에 참석했던 아이들이 배운 대로 적용하여 기도하는 모습으로 변화되었다.

4) 나 자신이 제자훈련을 받는 것같이 매일 기도하고 말씀을 보게 되었다.

5) 아이들의 착실한 모습 속에 내가 더 은혜를 많이 받았다.

6) 아이들이 힘든 상황에서도 기도하면서 어려움을 극복하겠다고 다짐했고, 찬양하며 율동하는 것이 기쁘다는 것을 알았다.

이런 소감을 들으면서 믿음의 유산을 물려 주시고 천국 가신, 옥한흠 목사님께 너무 감사했다. 가르치는 교역자와 교사, 가르침 받는 어린이들이 변화되어 이러한 간증과 고백을 하게 되는 것은 정말 귀한 경험이다. 사랑의교회 어린이 주일학교가 이렇게 말씀의 토대를 세우며 행복한 사역의 현장을 이룰 수 있게 되어 참으로 감사했다.

아쉬운 점이 있다면 유년부 어린이 제자훈련은 2학년만 받게 되는데, 토요일이라는 한정된 시간에, 한정된 공간과 교사로 운영되다 보니 전체 출석인원 400여 명 중의 50명만이 제자훈련을 받게 된다는 점이다. 그러다 보니 '유년부 어린이 전체가 제자훈련을 받는 것처럼 말씀을 삶 속에 실천하면 얼마나 좋을까?' 하는 소망이 생겼다.

그러다 2005년, 나는 유년부 전체를 맡은 전임사역자가 되었다. 본격적으로 교사들에게 큐티를 전했는데 생각보다 쉽지 않았고, 교사들이 하루도 빠지지 말아야 할 큐티를 대부분 빠뜨렸다. 심지어 큐티를 강요하지 말라고 요청하는 교사도 있었고, 그것 때문에 힘들어 다른 부서로 옮기는 교사도 있어 믿는 자를 전도하는 비전을 이루어 나아가는 것이 너무 괴롭고 어려웠다. 회의와 낙담이 들어 포기하고 싶은 마음이 들던 중 사랑의교회에서 "목적이 이끄는 교회" 컨퍼런스가 열려 참석하게 되었다.

그때 새들백교회에서 강사로 오신 분들의 강의를 듣던 중 마음에 크게 와 닿는 내용이 있었는데 바로 "설교 숙제"Sermon HomeWork였다. 즉, 새들백교회에서 설교를 들은 성도들은 설교 숙제를 하는데, 메시지에 입각한 숙제를 주중에 실천하고, 다시 주중에 교회에 나가 자신이 실천한 설교 숙제를 제출하고, 그것에 대한 인센티브를 받는다는 내용이었다. 처음 그것을 듣고 가슴이 벅찼다. '그래, 매일 큐티가 안 되는 분들은 매주 설교 말씀을 실천하도록 독려하여, 말씀 실천 시작을 설교 실천으로 해야겠다'는 생각이 들었다.

그래서 먼저 자체 제작하던 유년부 공과에 설교 숙제 코너를 넣었고, 몇 개월이 지나 전체적으로 선포하게 되었다. "이제 모든 유년부 교사와 어린이들은 설교 실천을 해야 합니다. 어린이들도 공과를 통해 이미 설교 말씀을 실천하는데, 우리 모든 교사도 담임 목사님의 설교를 먼저 우리의 삶에 적용합시다." 그렇게 하여 유년부 전 교사와 어린이들이 설교 실천을 하도록 했다. 어린이 공과 교재에 설교 실천을 적용하다 보니 더 잘할 수 있는 아이디어를 주셔서 수·금요일 큐티란 밑에 지난주 설교 말씀을 실천했는지 확인하는 칸을 넣고, 부모 사인을 받도록 했다. 그러나 부서 전체가 설교 말씀 실천에 따른 부흥과 역사는 경험하지 못했다.

2009년 초등부에서 헌금 캠페인을 하고 소년부에서 예배 캠페인을 한다는 소식을 듣고, 유년부 전도사님과 고민하다가 그동안 미진하게 실시하고 있었던 설교 말씀 실천을 캠페인으로 열어 보자는 결론에 이르렀다. 캠페인 구호는 "설교 말씀을 실천하게 **하다니**"였고, 창세기 1장을 통해 설교 말씀을 어떻게 잘 실천할지를 전한 후, 관련 영상을 만들어 쉽게 실천하는 방법을 알려 주었다. 특별히 설교 실천을 잘하면 선물을 많이 준다고 홍보했고, 그 방법은 다음과 같다.

　　　　　　　　　　　　　　　2부 말씀을 실천하는 주일학교 이야기

사랑의교회 주일학교 어린이 설교 말씀 실천 방법

1) 주일 설교를 듣고 설교 말씀의 줄거리와 느낀 점을 주일 공과에 적어 보고, 부모님께 말씀드린다.

2) 주일 공과 밑에 "설교 말씀을 생활 속에 실천해요"란에 구체적인 샘플을 정한다.

  - 2010년 2월 21일 : "빨간 줄이신 구원의 예수님께 매일 기도하기"

3) 주중 수 · 금요일에 특별히 설교 말씀을 실천하고 있는지 확인한다.

4) 설교 말씀을 실천한 사항을 토요일쯤 부모님에게 말씀드리고, 설교를 실천하고 느낀 점을 이야기 카드에 적어, 부모님의 확인을 받아 온다.

5) 다음 주일에는 일주일 동안 설교 말씀을 실천했는지 평가하며(설교 말씀 실천 점수 ○○점) "놀라운 설교 실천 이야기 카드"를 작성하여 선생님께 제출하여 잘 제출한 친구들은 선물을 준다.

이렇게 설교를 실천하게 하고, 설교 실천 간증 카드에 자신이 설교를 실천한 내용을 적어 오게 하였더니 놀랍게도 설교 말씀을 실천한 어린이들의 간증이 쏟아졌다. 순수한 마음으로 믿고 설교 말씀을 실천했더니 삶의 현장에서 놀라운 기적을 경험한 것이다. 그리하여 그다음 해 2010년에는 어린이 전 주일학교에서 설교 말씀 실천을 하게 되었다.

다음은 사랑의교회 어린이들이 간증한 설교 말씀 실천 내용이다.

설교 제목 : "예수님께서 죽은 자를 살리셨어요."

간증 : 예수님은 죽은 사람도 살리시는 전능한 예수님이신 것을 배웠다. 그래서 "능력의 예수님, 일곱 살 때부터 안 나오고 있는 영구치가 빨리 나오게 해주세요"라고 기도했는데, 이번 주에 정말 나왔다. 정말 놀랍고 감사했다. 영구치가 아직 많이 비뚤어져 있지만 바르게 해달라고 계속 능력의 예수님께 기도할 거다.

설교 제목 : "예수님께서 죽은 자를 살리셨어요."

간증 : 아빠를 위하여 기도하는 중에 하나님께서 어떤 장면을 보여주셨다. 아빠가 감옥에 있는데, 흰 옷을 입은 남자가 천사같이 감옥을 둘러보다가 감옥에 갇혀 있던 아빠를 꺼내 주는 장면이다. 영적으로 갇혀 있고, 죽어 있는 아빠를 천사를 통해 하나님께서 살려 주시겠다는 약속의 음성으로 믿었다. 내 힘으로는 할 수 없지만, 기도를 통해 죽은 자를 살리시는 하나님을 체험하게 해주셔서 하나님께 감사드린다.

설교 제목 : "주님과 함께하는 가정"

실천사항 : 나쁜 친구라도, 그 친구에게 잘 대해 주기

간증 : 나는 이방인들에게도 설교를 기쁘게 하는 베드로를 보고 나쁜 친구도 착하게 대하기로 결심했다. 나는 김태우라는 싫어하는 친구가 있는데 그 친구와 사이좋게 지냈다. 앞으로 나쁘고 귀찮은 친구와 사이좋게 지내기로 했다.

설교 제목 : "주님과 함께하는 가정"

실천사항 : 기도 열심히 하고 성경 읽기

간증 : 매일 아침 성경 읽고 기도했다. 그랬더니 부모님께서 화해하셨다. 사실 부모님께서 조금 다투셨다. 하지만 하나님께서 내 기도를 들어주셨나 보다. 하나님, 정말 감사합니다. 그래서 또 나에겐 기적이 일어났다. 역시 나는 기도를 정말 잘한다. 큐티도 하면 조금 부담스러운 기도도 들어주실까?

설교 제목 : "풍랑 위를 걸으신 예수님"

추상적 목표 : 베드로와 다니엘처럼 예수님, 하나님께만 시선을 고정해야겠다.

구체적 목표

1. 기적은 아니라도 기도 응답을 받기 위해 하루에 1분씩이라도 열심히 기도하기

2. 기도 응답을 받기 위해 믿음을 가지고 구체적으로 진심으로 기도하기

적용 : 믿음을 가지고 기적은 아니어도 기도 응답을 받기 위해 구체적으로 진심으로 1분씩이라도 하나님께 기도하기

근거 말씀 : "그러므로 내가 너희에게 말하노니 무엇이든지 기도하고 구하는 것은 받은 줄로 믿으라 그리하면 너희에게 그대로 되리라"(막 11:24).

간증 : 4월 24일 토요일에 2년 만에 두 번째로 두발 자전거를 타기로 해서 오랜만에 타는 거라 혹시 다치진 않을까 못 타는 건 아닐까 싶은 마음에 안전하게 잘 탈 수 있게 해달라고 짧지만 자세히 기도드렸더니 응답을 받고 너무 안전하고 재미있게 자전거를 탔다.

설교 제목 : "풍랑 위를 걸으신 예수님"

추상적 목표 : 오직 하나님께 믿음을 가지고 간구하자.

구체적 목표

1. 큐티를 매일매일 하여 하나님을 만난다.

2. 늘 언제나 기도한다.

적용 : 큐티를 매일 아침에 하거나 힘들면 밤에 한다. 밥 먹기 전 기도하고 아침에 일어나고 밤에 자기 전에 기도한다.

근거 말씀 : "그러므로 내가 너희에게 말하노니 무엇이든지 기도하고 구하는 것은 받은 줄로 믿으라 그리하면 너희에게 그대로 되리라"(막 11:24).

간증 : 친구들과 놀러 가기 전 심하게 아팠다. 그래서 저번에 들은 "믿으라 그리하면 그대로 될지어다" 라는 말씀을 생각하고 기도하고 약 먹고 잤다. 다음날 아침 전혀 아프지 않고 무사히 다녀왔다.

이야기 설교는 지금도 살아서 역사하시는 진리의 말씀을 동시대적인 언어로 표현하는 방식이다. 이야기 설교를 통해 말씀을 전하면 기적이 현실이 되는 것을 경험하게 되었다. 어린이들이 놀라운 간증을 고백하자 교사들도 크게 도전을 받았다. 다음은 어린이 주일학교 교사들의 설교 말씀 실천 방법이다.

사랑의교회 주일학교 교사 설교 말씀 실천 방법

설교 말씀으로 일주일 계획 세우기

1) 주일 설교를 들을 때 가장 핵심적인 설교 요점을 적는다.

2) 설교를 들으면서 자신에게 도전이 되는 말씀을 자신의 말로 적는다. 이때 피동적으로 서술하는 것이 아니라 능동적으로 자신의 삶과 연관된 말씀으로 적는다(예를 들어, 교사로서 학생들 앞에서 이런 것들을 지키겠다).

3) 주일 저녁이나 월요일 아침, 설교 말씀을 다시 보며, 노트에 정리한다.

4) 말씀 가운데 이번 주 어떻게 살아야 하는지에 대한 삶의 추상적인 목표와 이를 실천할 구체적인 실천 목표(두세 가지)를 세운다.

5) 설교 본문 가운데 마음에 와 닿은 말씀을 목표 아래 적어 근거를 세운다.

6) 주중에 두 번 이상 묵상하며, 다시 맞이하는 주일에는 일주일 삶에 대한 평가를 점수로 표시하며 감사와 회개의 고백을 한다.

설교를 듣고, 추상적인 한 개의 목표와 구체적인 실천사항 두세 가지를 적고, 주중에 설교 말씀을 실천하자 교사들은 이런 점들이 유익하다고 말해 주었다.

① 설교 말씀을 실천하기 전에는 주일에 들은 말씀도 월요일이 되면 잊

고 지냈는데 설교 말씀을 기억하며 실천하니 한 주 동안 주님과 동행하는 느낌이 든다.

② 설교 실천을 했을 때 설교 말씀이 나를 위한 맞춤 말씀인 것처럼 전율이 느껴지며, 문제의 해결점을 찾을 때가 많아 설교를 더 잘 듣게 되었다.

③ 묵상하고 실천 목표를 세우며 한 주를 계획하게 되는 것이 보람되며, 한 주를 지내면서 계획했던 목표와 말씀을 꺼내 보며 흐트러졌던 마음을 다잡게 된다.

④ 큐티 본문이 어려워 마음에 와 닿지 않을 때는 설교 말씀을 생각하며 하루를 보내는데 말씀과 동행하는 삶이 너무 좋다.

⑤ 한 주마다 말씀 실천이 쌓여 감에 따라 내가 더 변화되리라는 기대와 소망이 있다.

⑥ 설교 말씀을 통하여 느끼고 깨달으며 은혜 받고 있다는 것을 공동체에 알리고 나눔으로써, 위로와 힘을 받을 수 있으며 실천사항을 나눔으로써 그것을 더욱 지키고자 동기부여가 된다.

⑦ 가르치는 아이들 앞에서 양심에 거리낌 없이 당당하게 "너희도 선생님처럼 설교 말씀을 실천해라"라고 외칠 수 있다.

다음은 설교 말씀을 실천한 선생님들의 간증이다.

"최근에 목사님의 열정 어린 나눔과 간증으로 큐티와 설교 말씀 실천을 하게 되었다. 처음에는 많이 빼먹고 잊기도 했으나, 차츰 익숙해지니 하나님이 함께하심을 경험하고 설교 말씀 실천과 큐티하는 시간이 즐거웠다. 이 좋은 것을 혼자 경험한다는 것이 너무 안타까워 그때부터 식구들에게도 말씀을 실천하라고 잔소리를 했다. 권사님인 어머니는 매일 말씀은 보고 살지만 큐티하는 것이 쉽지 않다며 몇 번 하다 말다를 반복하셨고, 언니는 직장일로 너무 바쁘다며 얼버무리기 일쑤였고, 두 여동생도 마찬가지였다. 그런 모습이 너무 안타까워 목사님께 말씀드렸더니 큐티가 힘들면 설교 말씀 실천이라도 하도록 하라고 말씀하셨다.

우리 식구는 각자 다른 교회를 섬기는데 큐티가 힘들면 담임목사님의 설교 말씀 실천이라도 꼭 하라고 권면하고 기도했다. 그 주에 언니가 설교 말씀을 실천하며 한 주의 삶을 살았더니 정말 직장의 어려운 일들이 해결되었을 뿐만 아니라, 마음의 평안도 얻었다며 기뻐하는 모습을 보며 너무 큰 감동을 받았다. 언니를 시작으로 엄마와 두 여동생들도 말씀을 실천하며 삶의 크고 작은 일 가운데 함께하시는 하나님을 경험하고 작은 기쁨을 나누기 시작했다. 가정에 여러 가지 힘든 일들이 있는데도, 예배를 통해 말씀을 나눔으로 큰 힘과 평안을 얻게 되어 감사했다."

"지난 26년 동안 교회를 다니면서 누구도 나에게 설교 말씀 실천을 강조하신 분이 없었다. 어른 예배를 드리기 시작하면서 남들이 예배 시간에 설교 말씀을 적기에 나도 몇 번 써 보았지만 들으면서 쓰는 것이 익숙하지 않아 그때뿐이었고, 그나마 몇 번 쓴 설교 노트도 주중에는 한 번도 열어 보는 일이 없었다.

그동안 설교 말씀을 듣기만 했지 그것을 실생활에 적용하지 못하고 실천하지 못했다. 그런데 작년 유년부 신입교사 큐티 때 최재윤 목사님이 설교 말씀 실천의 중요성을 설명해 주셨다. 전능하신 하나님께서도 말씀으로 일주일 계획을 세우셨는데 연약하고 부족한 내가 그동안 나를 주인 삼아 살아왔구나 하는 깨달음이 생겼다. 처음에는 추상적 목표를 잡는 것조차 어려웠지만 선생님들이 나누는 것을 들으며 훈련하다 보니 자리를 잡아갈 수 있었다.

매주 주신 말씀대로 살았더니 원하던 일도 잘되고 성령 충만하여 기쁨이 생겼다. 가만히 있을 수 없어 주위에 설교 말씀 실천으로 내 삶이 변화됐다고 간증하고, 어떻게 계획을 세워야 하는지 가르쳐 주고 있다. 지금은 같이 성경 공부했던 지체들도 같이 실천하고 있으며, 내가 뿌린 작은 씨앗이 자라고 열매 맺는 모습을 보는 기쁨 또한 크다."

"2009년 유년부 교사 신년기도회에서 설교 말씀을 실천하는 삶을 한번 살아 보라는 최재윤 목사님의 말씀을 듣고 그 말씀에 도전을 받았다. 설교 말씀을 노트에 적고 실천 목표를 세우고 그 말씀대로 한번 살아 보아야지 하고 일주일 동안 그 말씀을 생각했다.

어린이집에서 선생님들과 아이들, 학부모 때문에 힘들 때마다 나를 위로할 분은 하나님뿐임을 알고 모든 일들을 하나님께 아뢰었다. 하나님께서는 무거운 내 마음을 가볍게 하시며, 내가 가르치는 아이들을 통해 기쁨을 주셨다. 오늘 하루도 하나님 말씀대로 실천하며 하나님 말씀대로 순종하며 잘 살았구나, 하는 감사함과 행복함을 누렸다. 그리고 하나님을 믿지 않는 선생님들을 불쌍히 여기고 그들의 죄를 용서해 달라고 기도하고 전도하려고 애쓰고 있다.

나는 모태신앙으로 어릴 때부터 뿌리 깊게 박힌 신앙만 믿고 내 마음대로 살면서 아이들을 가르쳐 왔고, 하나님을 믿는다고 하면서 매번 똑같은 죄를 지었다. 내 삶도, 내 주변도 변화되지 않고 있었는데 내가

설교 말씀을 실천하며, 하나님께 기도하고 하나님께 위로를 받으니 삶
에 조금씩의 변화가 오고 있다. 그로 인해 나의 주변이 바뀌는 모습을
보며 기쁨과 감사가 저절로 넘친다."

2부 말씀을 실천하는 주일학교 이야기

우리는 사랑하는 다음 세대 어린이들의 눈높이에 맞는 말씀을 전해 그들 스스로 말씀대로 살아가 예수님의 작은 제자가 되도록 가르쳐 지키게 해야 하는 사명이 있다. 그러기 위해서는 우리가 먼저 매주 선포되는 설교 말씀대로 살아야 한다. 그리고 그 말씀대로 살아 그 말씀의 역사를 경험하고 삶을 나누어야 한다. 그래야 어린이들에게 "선생님이 설교 말씀을 실천한 것같이 너희도 말씀대로 살아야 한다"라고 자신 있게 말할 수 있는 것이다. 그것이 진정한 기독교 교육이다. 그러면 사랑하는 어린이들이 그 삶의 이야기가 진실임을 알게 되어 우리와 같이 말씀대로 살 것이며, 말씀을 통해 놀랍게 변화되어 위대한 예수님의 제자가 될 것이다. 지금도 선포되는 설교와 어린이 제자훈련을 통해 다음 세대의 작은 제자들이 더 많아지길 간절히 소망한다.

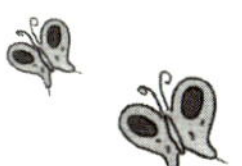

우리가 먼저 매주 선포되는 설교 말씀대로 살아야 한다.
그리고 그 말씀대로 살아 그 말씀의 역사를 경험하고
삶을 나누어야 한다. 그래야 어린이들에게
"선생님이 설교 말씀을 실천한 것같이 너희도 말씀대로
살아야 한다"라고 자신 있게 말할 수 있는 것이다.
그것이 진정한 기독교 교육이다.

어린이 제자훈련 방법

1. 어린이 유년부 제자훈련 개요

1) 진행 : 유년부 제자훈련은 초등학교 2학년 중 훈련받기를 희망하는 어린이를 대상으로 총 2학기(봄학기 8주, 가을학기 8주, 총 16주) 동안 진행된다. ※ 초등부/소년부는 9-10주 정도

　1학기 제자반 : 말씀학교 / 2학기 제자반 : 기도학교

2) 시간 : 매주 토요일 3시 30분부터 5시까지 유년부실에서 진행되고 있다.

3) 구성 : 약 12여 명의 교사가 50여 명의 어린이를 데리고 훈련을 진행하며, 보조 교사들이 방송과 반주, 간식을 담당하고 있다.

4) 과정 : 2학기를 모두 수료하면 수료증을 수여하며, 수료 후 1박2일간 "제자들의 캠프"를 진행하며 예수님의 제자로서 결단하는 시간을 갖는다.

5) 커리큘럼 : 1학기는 설교 말씀과 큐티, 요절암송 훈련을 받게 되며 2학기는 기도, 찬양, 워십댄스를 훈련한다.

6) 수업 내용 : 복습게임(협동학습) – 찬양 – 제자훈련(소그룹) – 특별활동
  – 정리(요절암송-기도회)로 진행되며, 매년 제자훈련에 참가한 어린이
  들의 영적인 성장과 변화를 경험하고 있다.

2. 어린이 제자훈련 규칙

1) 유년부 어린이 제자훈련인 작은 제자학교(어매매기어)는 교회에서 가
  르치는 것만으로는 완성되지 않는다. 작은 제자학교는 어린이들이 일
  주일 동안 준비해 온 성경 말씀과 기도로 진행된다. 그래서 예습과 복
  습, 생활과제를 부모님과 함께 실천하는 것이 중요하다. 매일 시간을
  정해 부모님과 함께 큐티(유년부 공과)를 해야 한다. 매주 제자훈련 시
  간에 큐티 점검 시간이 있다.

2) 유년부 작은 제자학교는 지각과 결석을 용납하지 않는다. 예수님의
  작은 제자가 된다는 것은 내 생활의 중심이 예수님이 되는 것을 의미
  한다. 부모님의 협조를 얻어 제자훈련 기간 중 매주 토요일 오후 3시
  까지는 훈련생들이 유년부실에 도착해야 한다. 지각을 자주 하면 감
  점당할 수 있다. 또한, 결석을 2회 하면 제자훈련을 모두 마쳐도 수료
  가 되지 않는다.

3) 유년부 작은 제자학교에서 열심히 훈련받으면 마귀의 방해를 받을
  수 있다. 그래서 훈련생들은 자신을 위해 기도하고, 다른 분들에게도
  기도를 부탁하도록 한다.
  먼저 부모님께 자신이 제자훈련 잘 받을 수 있도록 기도해 달라고 부
  탁한다. 그리고 주변의 어른들께도 어린이 제자훈련을 잘 받아 멋진

예수님의 작은 제자가 되게 해달라고 기도를 부탁한다.

4) 유년부 작은 제자학교의 1학기 제자훈련은 "말씀학교"이다. 그래서 과마다 성경 요절이 두 개씩 나가며, 그 말씀을 꼭 외워야 귀가할 수 있다. 요절을 꼭 암송하도록 독려한다. 마지막 6과의 요절은 방학 과제로 나간다.

유년부 작은 제자학교 2학기 제자훈련은 "기도학교"이다. 그래서 매주 기도회 때 열심히 기도하고, 찬양대회 때 열심히 찬양을 해야 귀가할 수 있다.

- 마지막 종강 때에는 찬양 · 율동경연대회가 있다.

5) 평가사항

① 큐티 설교 말씀 - 8점 : 큐티는 5일 분량으로, 큐티를 하루 하지 않으면 1점씩 감점하며, 설교 말씀 실천시 3점을 가산한다.

② 태도 - 3점 : 제자훈련 할 때 태도가 좋으면 3점을 가산한다.

③ 요절 암송 - 6점 : 한 개에 3점씩 점수를 주며, 마칠 때 요절을 외워야만 귀가할 수 있다.

④ 생활 적용 과제 - 10점 : 가장 높은 점수로 반드시 해야 하고, 강조해야 할 과제이며, 분반 시간이나 전체 모임 때 발표하도록 한다.

⑤ 출석 - 3점 : 출석하면 3점을 가산한다.

- 일정 점수(예 30점)에 도달하면 배지 혹은 선물을 수여하며, 칭찬과 격려를 통해 제자훈련에 최선을 다하도록 진행한다.

6) 유년부 작은 제자학교 교재는 다음과 같이 구성되어 있다.

① 성경 이야기 : 과마다 배우는 내용을 어린이 눈높이에 맞춘 이야기와 질문을 통해 살펴보게 되어 있으며 실천사항을 살펴본다.

② 배운 것을 점검해요 : 배운 성경 말씀의 핵심 내용을 정리하고, "어매매기어" 외침을 통하여 예수님의 작은 제자가 되기로 다짐한다.

③ 특별활동 : 1, 2학년 어린이에게 맞는 만들기와 꾸미기, 어린이 활동 실습, 그리기를 진행하며 배운 내용을 온몸으로 익히도록 한다.

④ 생활 속에 실천해요 : 배운 내용을 주중 생활 속에 부모님과 함께 실천한다. 유년부 작은 제자학교의 과제 중 가장 높은 점수를 받을 수 있다.

3. 어린이 제자훈련 교사 공지사항

1) 제자훈련의 성패는 교재에 있는 것이 아니라 제자훈련 교사에 달려 있다. 특히 귀납적인 접근법을 사용하는 교재는 그 구성이 단조롭다. 때문에 가르치는 교사가 누구냐에 따라 모든 것이 결정된다고 해도 과언이 아니다. 교사의 인격, 영성, 기술이 제자훈련의 수준과 질을 결정하는 것이다.

2) 각 질문에 대해 교사가 참고할 수 있는 답을 가능한 기록해 놓았다. 하지만 교사의 재량으로 더 쉽고, 이해하기 쉬운 추가 질문을 해도 좋으며, 전체적인 논리 구조를 이해하고, 목표를 이룰 수 있도록 연구해야 한다.

3) 제자훈련은 과학이 아니라 예술이다. 영혼을 다루는 문제이기 때문이다. 따라서 교사 교안을 해답집처럼 생각해서는 안 된다. 중요한 것은 교사가 먼저 이것을 자신의 것으로 받아들여 실천하고, 학생들이 실천하도록 하는 것이다.

바로 기독교 교육의 핵심인 "나를 본받아라"라고 말할 수 있도록 말씀과 기도생활에 열심을 내어 자신이 먼저 제자가 되도록 최선을 다해야 한다.

4) 각 순서에 대한 지침 : 매 과를 시작하기 전 지난 과제물 중 생활 과제를 어떻게 실천했는지 확인하고, 다른 아이들과 나눌 수 있도록 시간을 가진다.

① 목표 : 매 과에 주어진 목표를 충분히 숙지하고, 그것을 이루도록 최선을 다해야 한다.

② 요절 말씀 두 가지 : 요절 말씀을 반드시 외워야 한다. 먼저 교사가 외우고 나서, 아이들도 외우도록 하게 하며, 못 외운 아이들은 분반 시간 중간에, 끝나고 외우도록 해서 집에 갈 때까지는 반드시 외우도록 지도한다.

③ 서론 – 이야기를 들어가기 전에… 매 과의 주제를 다루기 전 "아이스 브레이크" 코너로 예배 때 주제 제기와 비슷한 이야기를 다루는 것이다. 여기서 마지막 질문을 통해 주제 접근을 한다.

④ 성경 속으로 들어가 보아요(1번) : 주제와 관련된 성경 이야기를 통해 주제를 이야기로 이해하고, 기억하도록 한다. 교역자 강의 후 다시 이야기를 살피면서 중요한 것은 성경이 무엇이라고 말하는지를 파악해야 한다.

⑤ 2번부터는 위의 성경 이야기를 중심으로 한 질문이다. 주제 접근
  에 대한 관찰, 해석, 느낌, 적용의 질문으로
  - 내용 관찰 요소는 1) 사실을 진술 2) 객관적인 상황 3) 주요 요
    약으로 핵심과 주요인물의 상황 등을 살필 수 있게 된다.
  - 연구와 묵상 요소는 1) 전후 단락을 살펴봄으로 본문을 이해하
    며 2) 중심인물의 내면을 살피며 자신의 느낌에 접근하고 3) 중
    심 주제를 살핀다. 다른 성경의 예문도 살핀다.
  - 느낌은 1) 내 마음의 상태로 반성, 기쁨 등 감정의 표현이며,
    2) 하나님 중심의 생각을 나타내며 3) 이러한 점을 깨닫는 것을
    의미한다.
  - 적용은 말씀으로 인한 1) 회개와 감사 - 구체적인 변화의 모습
    을 적는 것이며, 2) 구체적인 실천사항을 고백하고, 실천하게 한
    다. 이러한 질문이 가장 중요한 것이며, 시간을 가장 할애해야
    한다.

⑥ 배운 것을 정리해요 : 배운 주제를 간략하게 핵심만 정리한 것으
  로 아이들이 핵심을 정리하고, "어매매기어" 외치며 다짐한다.

⑦ 생활 속에 실천해요 : 배운 내용을 주중 생활 가운데 실천하게 하
  는 것으로 가장 중요한 제자훈련 과제이며, 활동이다. 부모님과
  함께할 수 있도록 전화 심방을 통해 확인한다.

⑧ 특별활동 : 아이들이 주제에 접근하여, 실제 활동적인 실습을 통
  하여 배운 내용을 기억하고, 적용하는 것을 돕는 과정이다.

⑨ 요절을 외워요 : 다시 한 번 요절을 외우며, 빈칸을 채우고, 집에
  가기 전 요절을 반드시 외우도록 한다.

1) 복습게임 – 이런 어린이를 찾아라 〈해당 이름〉

1. 주일학교를 2년 이상 다닌 어린이　　　(　　　　　　　　　　)

2. 찬양 시간 때 율동을 좋아하는 어린이　　　(　　　　　　　　　　)

3. 성경 전체를 한 번 이상 읽은 어린이　　　(　　　　　　　　　　)

4. 매일 기도하는(식사기도 제외) 어린이　　　(　　　　　　　　　　)

5. 매일 큐티하는 어린이　　　(　　　　　　　　　　)

6. 세 명 이상 전도한 어린이　　　(　　　　　　　　　　)

7. 잘 생기고, 예쁜 어린이　　　(　　　　　　　　　　)

2) 커뮤니케이션 기법

❶ 종이공으로 질문 던지기 기법 + 질문 답변식, 자기소개 시

　① 주어진 종이를 둥글게 말아 공처럼 만든다.

　② 그리고 자신이 던지고 싶은 사람에게 던진다.

　③ 공을 받은 사람은 종이를 펼쳐 질문을 하되, 답을 말하고 싶은 아이가 먼저 손을 들게 한다.

　④ 선택된 아이는 답을 말하고, 답을 맞히면 문제를 낸 아이가 칭찬해 준다.

❷ 말하기 칩Taiking Chips 기법 + 질문 답변식

　① 각반에 '말하기 칩'을 1명당 2개씩 준다 – 바둑알 이용

　② 선생님이 질문을 한다. "하나님께서는 전능하신 분이신데 왜 6일 동안 세상을 창조하셨을까?"

　③ 아이들은 각자의 의견을 말하되 말하기 칩을 내면서 말해야

한다. 두 번까지 기회가 주어진다.

④ 말하기 칩을 다 사용한 친구는 조용히 침묵하며, 다른 사람들의 의견을 듣는다.

교회를 세우는
주일학교 이야기

하나님의 말씀으로 다음 세대의 어린이들을
예수님의 제자로 삼기 위해 먼저 교사들이 온전한 제자가 되는 일은
주일학교 사역에서 가장 시급하고 중요한 일이다.
기독교 교육의 핵심은 "너는 나를 본받으라"이다.
이렇게 말할 수 있는 모범적인 교사는 다른 교사들에게 도전이 되어
전체 주일학교의 제자훈련 철학을 세우고, 영적으로 성장하며,
부흥을 이루는 유일한 길이기에 교사 제자훈련은 너무나 중요했다.

선생님, 도대체
예수님이 누구세요?

Chapter 08

사랑의교회 어린이 주일학교 유년부 파트전도사 때 교회 대학부에서 연락이 왔다. 공부방 사역을 하는데 공부방 아이들을 대상으로 개최하는 여름 캠프를 도와줄 수 있느냐고 했다. 나는 다음 세대의 어린이들에게 비전이 있는지라 흔쾌히 돕겠다고 했다. 그때 시작된 여름성경학교를 돕는 선교 사역은 2013년 현재 지금 국내 두 곳과 보육원 두 곳, 해외선교까지 이어져 선교하는 공동체를 만드는 시발점이 되었다.

대학부가 섬기는 공부방은 봉천동에 있었다. 그곳에서 여름·겨울마다 아이들을 대상으로 캠프를 열어 복음을 전하고 있었다. 나는 유년부에서 여름 캠프를 위해 준비한 것을 그대로 공부방에 적용할 수 있어 감사했다. 그중에 아직도 기억에 남는 것은 "코스웍"이다. "코스웍"이란 여름성경학교 주제를 실제로 체험하도록 각 코스를 돌며 학습하는 과정이다. 특별한 것은, 예수님을 닮아 가는 코스에서 예수님처럼 십자가를 지고 고난받는 상황을 연출하는 것이다. 조금은 억세 보이는 공부방 아이들에게 제대로 예수님의 삶을 경험시키고 싶어서, 대학부 형제들에게 실제 로마 병사처럼 아이들을 혹독하게 대하라고 했다. 그랬더니 그만 주변 동네 주민이 아이들을 학대하는 것으로 오인하여 신고를 하겠다는 해프닝도 발생했다. 다행히도 그들에게 상황을 설명해 주며 오해를 풀었다.

2005년 유년부 전임사역자가 되자 공부방 여름 캠프 사역을 요청했던 대학부에서 이번에는 전라남도 지도섬 선교를 부탁하며, 유년부에서 성경학교 말씀과 프로그램을 맡아 달라고 하였다. 흔쾌히 허락하고 시작된 지도섬 선교가 8년째 진행 중이다. 첫해에는 전도사와 세 명의 교사가 함께 갔는데, 유년부 찬양 인도 교사가 찬양을, 전도사가 프로그램을, 나는 총괄 진행과 말씀, 기도회를 준비했다. 성경학교에 모인 40여 명의 아이들과 함께 유년부 선교의 가장 큰 무기인 어린이 워십댄스를 했다. 당시 주제는 "우리의 짱, 예수님 = Jesus, my superstar"였다. 그 주제 찬양 중 "예수께로 가면"이라는 고전 찬양을 리믹스한 워십댄스는 선풍적인 인기를 끌었다. 아이들이 어찌나 그 찬양을 좋아하던지 밥을 먹으러 갈 때나 화장실에 갈 때도 늘 워십댄스를 했다.

　그곳의 많은 어린이가 예수님을 모르는 실정이고 선교 첫해라 '예수님'을 하도 많이 강조하였더니 한 어린이가 "선생님, 도대체 예수님이 누구이신데, 자꾸 예수님 이야기만 하세요?"라고 물었다. 이 아이들에게 공부방 여름 캠프에서 실시했던 코스웍을 체험하게 하여 예수님을 확실하게 알려 주고자 최선을 다했다.

　나와 대학부 남자 형제들이 십자가 군병 역할을 자처하며 아이들에게 십자가를 지게 했고, 군병 역할에 필요한 특별한 복장이 없어 검은 비닐봉지를 머리에 쓰고 까만 테이프를 둘렀다. 채찍 대신 혁대를 꺼내 아이들을 무섭게 위협하며 "너희의 죄 때문에 받는 고통이야. 이미 예수님도 이렇게 고통을 받으며 이 길을 가셨어. 너희도 마찬가지로 이 길을 가야 하는 거야" 하고 으름장을 놓았다. 가장 힘든 코스인 십자가를 지고 가는 곳에서는 아이들에게 신발과 양말까지 벗게 했다. 그러면서 자신이 지은 죄를 다 고백하라고 했더니 아이들이 흐느끼며 자신의 죄를 고백했다.

　"제가요, 할머니가 심부름으로 1000원짜리 사오라고 했는데, 1500원이라고 하고 500원을 더 가져갔어요. 다시는 거짓말을 하지 않을게요", "제가요, 친구들을 괴롭히고 때렸는데 앞으로는 그렇게 하지 않을래요." 그 코스는 아이들이 가장 힘들어했지만 가장 좋은 반응을 보였다. 한 어린이는 코스를 돌고서 계속 울었다. 이유를 물어보니 자신의 죄 때문에 고난당한 예수님이 생각나서 눈물이 난다고 했다. 이렇게 주일학교에 참석해 본 적도 없고 예수님도 몰랐던 아이들이 여름성경학교를 통해 마음에 예수님을 모시고 하나님의 자녀가 되는 놀라운 역사를 경험했다.

다음 해인 2006년 여름에는 특별히 홍보한 것도 아닌데 100여 명의 아이들이 교회로 모여들었고, 그다음 해엔 무려 아이들이 130여 명이 왔다. 지도읍의 초등학생 숫자가 180여 명이라고 했는데 그렇게 많이 모이게 된 것은 정말 하나님의 은혜였다. 유년부 교사들의 참가도 활발해져 3명에서 7명, 그리고 10명으로 참석 인원이 늘더니 지금은 교사와 어린이, 가족까지 80여 명이 지도섬 선교에 참석하게 되었다.

선교 햇수를 더해 가면서도 복음을 전하는 저녁 집회 시간은 아이들의 신분이 바뀌는 시간이기에 항상 떨리고 긴장된다. 무엇보다 유년부 1-2학년의 눈높이에 맞추어 설교하던 것이 익숙하던 나는, 유치부부터 심지어 중ㆍ고등부까지 참석한 집회의 설교와 기도회를 인도하기가 쉽지 않다.

지도 선교를 시작한 지 2년째 되던 겨울날, 비가 내리고 있었다. 지도 선교는 여름 선교뿐 아니라 겨울성경학교도 함께 진행되고 있었다. 그날도 저녁 집회가 있어 몹시 두렵고 떨리는 가운데 교회 앞 돌산에 올라가 기도했다. 우산도 없이 소나무 밑에 붙어서 오늘 저녁 성령 하나님께서 역사하기를 간절히 기도하는데, 하나님께서 자꾸 바위 앞에 무릎을 꿇고 기도를 하라는 마음의 부담을 주셨다. 솔직히 겨울비를 맞으며 바지를 적시면서까지 기도하고 싶지는 않았으나, 계속되는 마음의 부담 때문에 순종하는 마음으로 무릎으로 나아가 집회를 위해 정말 간절히 기도했다.

저녁 집회가 시작되었을 때 예상과 달리 아이들이 몹시 소란스러웠다. 벌써 여름과 겨울 캠프를 통해 다섯 번이나 복음을 들었음에도 아이들은 복음 자체가 식상하다며 "목사님, 또 예수님 이야기하는 거예요?" 하고 떠들었다. 나는 큰 소리로 "애들아, 왜 목사님과 여기 선생님들이 예수님을 전하는지 알아? 그것이 가장 중요하기 때문이야. 그것 때문에 서울에서 멀리 여기까지 선교를 온 거란다. 그리고 이를 위해 아까 앞쪽 돌산에 올라 겨울비를 맞으며 기도하라는 하나님의 음성에… 흑흑흑." 나는 말을 하다 말고 소리를 내어 울었다. 왜 우는지 모를 정도로 하염없이 눈물이 나왔다. "엉엉엉. 그래서… 너, 너, 너희들이 예수님을 마음에 모셔야 해. 모신 친구들은 정말 예수님처럼 살아가야 해. 알았니?"

그렇게 눈물로 호소하는 나를 보며 아이들도 따라 울며 다시 제대로 예수님을 영접하고 예수님처럼 살기를 다짐했다. 만약 집회 전에 복음을 전하는 것을 놓고 기도하지 않았다면 난 그렇게 아이들에게 호소하지 않았을 것이다. 하지만 주께서 그렇게 기도하게 하시더니 결국 그 집회에서 구원받을 영혼들을 구원받게 하시고 변화시켜 주셨다. 정말 선교는 하나님이 관심을 가지시고 주도하시는 일임을 다시 한 번 깨달았다.

지도섬 선교는 원래 대학부와 3년만 참가하려고 했는데, 2007년 사역이 끝나는 시점에 현지 목회자와 집사님 몇 분을 만났다. 그중에 현지 교회의 한 목사님이 "이 아이들 대부분은 편부모가 많고, 대부분 열악한 환경에서 살아가는 친구들이라 학원도 못 가고, 집에서 엄마·아빠 없이 혼자만 있어요. 그러다 보니 아이들이 집에 있기가 싫고, 교회에서 무엇을 한다고 하면 무조건 가려고 합니다. 오늘 어떤 어린이는 차로 30분 이상 떨어진 먼 거리에서 왔습니다." 말씀을 듣는데 참으로 마음이 아팠다.

그리고 현지 집사님도 "목사님, 지도섬 선교를 3년을 하셨지만, 여전히 복음을 들어야 하는 영혼들이 많습니다. 그런데 우리는 이 아이들에게 해줄 수 있는 능력이 안 됩니다. 그러니 성경학교를 통해 자라난 이 아이들이 청년이 되고, 주일학교 교사가 되어 또 다른 아이들을 가르칠 수 있는 그때까지 와 주시길 부탁드립니다"라고 말씀하셨다. 이 부탁의 말씀 앞에 차마 "오지 못하겠습니다"라고 말할 수 없었다. 그래서 지도섬 선교는 현재까지 계속하고 있으며, 지도섬 성경학교 출신 아이들이 커서 주일학교 교사가 되고, 교회마다 주일학교가 자립할 때까지 계속하려고 다짐하게 되었다.

이 나눔 이후에 지도섬 선교는 새롭게 전개되었다. 대학부에서 다른 지역을 섬겨야 하는 상황이 되자 유년부에서 전담으로 지도섬 성경학교 사역을 맡았다. 자연히 교사뿐 아니라 지도섬 선교에 더 많은 인원이 필요하게 되었고, 어린이와 가족까지 함께하는 가족 선교로 발전했다.

한번은 유년부 어린이 찬양팀과 어린이 주일학교 연합 찬양팀 저학년 아이들이 선교에 참가하여 직접 지도읍에서 노방전도를 하며 공연을 했다. 지도읍에 장이 서는 날, 가장 번화한 거리에 앰프를 설치하여 지나가는 사람들 앞에서 춤추며 찬양하고 예수님을 전했다. 노방공연을 위해 기도했더니 궂었던 날씨가 개어 놀랍게도 햇빛이 비추었다. 나는 그곳에 먼저 도착한 아이들에게 "사랑하는 아이들아, 이곳은 선교지이고 우리는 예수님을 전하는 것이다. 그러니 용기를 내어 열심히 춤추며 찬양하자"라고 선포하고, 모두 춤추는 그 자리에서 무릎을 꿇고 기도했다.

동네 분들이 지나가며 처음에는 "뭐 하는 건가?" 하는 눈으로 보시더니, 장사하는 분들도 한두 명씩 관심을 두기 시작했다. 고학년 공연이 끝나고 아주 예쁘고 깜찍한 저학년 아이들이 공연하게 되었을 때, 지나가시던 할머니들이 공연하는 자리로 오셔서 "아이고, 아 가들이 수고가 많네. 정말 예쁘다. 더 해봐라" 하고 말씀하시더니 갑자기 손자·손녀에게 용돈 주시듯, 현지 집사님에게 아이들 간식 사주라며 선교 찬조금을 주셨다. 20분 정도의 짧은 공연 시간에 셀 수 없이 많은 인파가 모였고, 농협 조합장님은 아이들이 수고가 많다며 많은 간식을 주셨다.

이렇게 놀라운 기적을 바라보며 함께 수고한 선생님들은 "목사님, 우리 전국을 다 돌아도 되겠어요", "다음은 어디로 가죠? 평생 직업으로 해도 되겠어요”, “거룩한 영업이 되네요”라고 고백하며 모두가 기뻐하고 즐거워했다.

그런데 2-3년 전부터 점점 늘어나던 아이들 숫자가 다시 줄었다. 선교 평가와 나눔을 통해 이곳의 지도섬 아이들도 제자훈련 과정이 필요하다는 새로운 사역의 방향이 잡혔다.

우선 훈련 시간은 성경학교 끝나는 시간인 오후 3-6시로 했으며, 대상은 4-6학년 고학생 친구들로 정했다. 선교를 가기 전, 담당 전도사님과 함께 과연 아이들이 제자훈련에 얼마나 지원할까 생각하다가 많지 않을 것으로 생각하고, 교재와 어린이 성경책을 각각 열 권만 준비해서 갔다. 성경학교 첫째 날이 끝나고 이렇게 광고를 했다. “4-6학년 어린이를 대상으로 제자훈련을 할 거란다. 그런데 제자훈련은 성경학교처럼 게임이나 간식이 있는 재미있는 시간이 아니라 세 시간 내내 성경공부만 할 거란다. 지원할 친구는 모이세요.” 그러자 20여 명 이상이 모였고, 예상 밖의 인원수에 우리는 당황스러웠다. 그래서 할 수 없이 더 세밀한 조건을 현장에서 바로 발표했다. “현재 부모님이 교회에 다니시고, 지금 그 교회를 다니는 친구들만 나오세요.” 이렇게 해서 열 명을 선발했다. 그러나 탈락한 아이들이 너무 서럽게 우는 바람에 그 자리에서 주소를 받아 직접 교재와 성경을 보내 주기로 약속하고 겨우 달래서 보냈으나 마음이 편치 않았다.

이런 관심 속에 시작된 지도섬 어린이 제자훈련은, 어린이 제자훈련 경험이 있는 열정적인 선생님 네 명이 각각 2-3명의 어린이를

맡아 속성 과정으로 진행되었다. 유년부 제자훈련 교재 중 말씀학교
와 기도학교의 내용 중에서 주중에 성경을 묵상하는 법과 기도하는
법 중심으로 훈련하며, 앞으로 성경학교가 없어도 이 어린이들 스스
로 하나님을 만나며, 하나님과 대화할 수 있게 했다.

지도섬 어린이 열 명 모두 너무나 적극적으로 훈련을 받으며, 큐
티하는 법을 배워 실습도 하고, 기도도 잘하게 되었다. 또한, 이들은
제자훈련을 담당했던 선생님들과 정기적으로 전화 연락을 하기로
약속을 하여 비록 몸은 떨어져 있지만 영적으로 교제를 이어갈 수
있게 되었다. 사랑의교회 제자훈련 철학이 바로 선교지에서도 접목
되었고, 이 어린이들이 앞으로 지도섬의 다음 세대에 귀한 영적 교
사가 되는 꿈을 실제로 가지게 된 것이다.

현지 어린이들의 변화와 현지 교회의 활성화를 통해, 한 지역에
다음 세대 어린이들에게 꾸준히 하나님의 말씀을 전하여 예수님의
제자가 되게 하는 일이 얼마나 중요하고 소중한 일인지 깊이 깨닫게
되었다. 현지 목회자들은 지도섬 선교에 대한 고마움으로 사랑의교
회에 감사패까지 보내주었다.

다음은 전라남도 지도섬 선교를 다녀온 선생님과 어린이의 선교
간증이다.

"직장생활을 하고 있는 저는 아껴 둔 여름휴가 중 사흘을 기쁨으로

선교에 헌신하리라 생각했습니다.

저는 방송국에서 일하고 있는데 유난히 여행을 좋아하는 이 회사 사람들과 휴가철이면 어김없이 여행 계획에 대한 이야기를 많이 나누게 됩니다. '누구는 어딜 가더라, 너는 어딜 갈 거냐. 젊었을 때 안 가면 후회한다…' 등 참 많은 소리를 듣기도 하죠. 여름휴가를 맞아 멋진 여행 계획들을 세우는 틈 속에서 저는, 조용히 선교를 계획하게 되었습니다.

평소 차멀미를 잘하는 저는 장거리 이동임에 불구하고 염려와는 달리 처음으로 멀미약 도움 없이 무사히 지도에 도착하게 되었습니다. 도착 직후 목사님께서 인도하신 회개의 시간에 제가 짊어지고 있던 죄책감에서 해방되어 자유를 느끼게 되었습니다. 그리고 저는 제 노트에 이번 나의 선교 주제는 '회복과 훈련이다'라고 적었습니다. 하나님의 일을 하기 전에 죄로 오염된 나를 예수님의 도우심으로 씻음받아 온전해져야만 이 선교가 이루어질 수 있다는 믿음을 갖게 되었습니다. 그리고 선교를 준비하는 모든 과정 속에서 선생님들과 학부모님들의 성실하심으로 크게 힘든 과정 없이 모든 게 잘 진행되어 정말 감사했습니다.

드디어 다음날, 정읍에서 온 아이들이 먼저 도착했습니다. 이 아이들을 보니 전날 잠들기 전 그리고 이날 아침 큐티를 통해 받은 은혜로 무장했음에도 불구하고 얼마나 떨렸는지 모릅니다. 개인적으로 처음 찬양 인도를 감당해서 더 그랬던 것 같습니다. 하지만 정말 감사했

     3부 교회를 세우는 주일학교 이야기

던 건 아이들의 눈빛이었습니다. 이 부분에서 8년의 유년부 지도 선교의 역사와 내공을 느끼게 되었는데요, 작년에 제가 섬기던 대학1부에서 개척 선교로 갔던 봉화 지역의 아이들과는 전혀 다른 첫날의 눈빛이었습니다. 조금은 소란스러웠어도 이미 그 마음밭들이 이미 하나님 말씀을 잘 받을 준비가 되어 있었습니다. 처음으로 찬양 인도를 감당해야 했던 저에게는 더 안심이 되고 고마웠습니다. 아이들의 마음은 이미 열려 있었습니다. 선생님들과 우리가 하기 전 이미 하나님이 해놓으셨습니다. 그 아이들에게 목사님께서 말씀을 전하시고, 찬양을 하고, 율동을 하고, 기도를 하며 행복한 하루를 보냈습니다.

특히 둘째 날 찬양 인도를 처음 하는 저는 정신이 하나도 없었습니다. 전날까지 꿀맛이었던 밥도 마다하게 되고 '나같이 부족한 게 어떻게 감히!'라는 생각만 머릿속에 가득하였습니다. 무대에 올라가기 전, 안 되겠다 싶어 무릎 꿇고 기도를 했습니다. '제가 감히 인도를 하다니요. 구약시대였다면 저는 이미 벼락을 맞았겠지요? 이런 나를 사랑하시고 불쌍히 여겨 주신 예수님, 감사합니다. 저에게 힘이 되어 주세요.' 그때, '오직 하나님만 바라보고 하자. 내가 하나님께 더 가까이 다가가서 찬양을 드리는 거야'라고 생각하며 올라갔고 큰 사고 없이 무사히 찬양 시간을 마치게 되었습니다. 땀과 눈물 범벅이 되어 내려오자마자 무대 뒷방에서 무릎을 꿇고, 찬양을 받으신 주님, 날 살려 주신 주님께 감사기도를 드렸습니다. 그리고 중요한 저녁 집회 때는 진심으로 부르짖고 우리 예수님을 온전히 영접하여 아이들과 선생님 모두 많은 회복과 치유를 받는 시간을 가졌습니다. 저 역시도 그 자리에서 기도하면서 삶 속에서 제가 짊어지고 있는 짐들을 모두 예수님의 십자가 밑에 내려놓고 그 십자가 기둥에 기대는 저의 모습을 보았습니다.

죄의식, 죄책감에 억눌려 있었던 저는 첫날 메모해 두었던 회복을 얻었던 것입니다. 이루 말할 수 없는 행복에 젖어 눈물이 멈추지 않았습니다. 하나님의 사랑 말고 또 무엇이 내 영혼을 기쁘게 해줄 수 있을까, 역시 하나님은 살아 계시고 진리이심을 깊이 깨달았습니다. 이렇게 은혜로운 시간을 보내며 한편으로는 아이들에게 미안했습니다. 내가 먼저 준비되어 아이들을 전적으로 지원했어야 하는데 내 신앙 문제를 먼저 해결하고 은혜받기 바빠 아이들을 챙겨 주지 못해 주님께 그 영혼들을 맡긴다고 기도해 주었습니다. 주님이 계획하신 뜻 아래 아이들을 세우시고, 기르시고, 만져 주시기를….

은혜로운 선교 일정이 끝나고, 감사와 축복을 선물 받고 옆 섬인 증도로 가서 선교의 추억을 나누게 되었습니다. 그곳에서 저는 저에게 딱 맞는 하나님의 응답과 선물을 받게 되었습니다. 선생님들과 그곳에서 쉬고 있는 동안 갑자기 아기 진돗개가 꼬리를 살랑살랑 흔들면서 우리에게 와주었습니다. 그 순간 바로 그 아이와 사랑에 빠졌습니다. 주인이 누구인지 궁금해 살펴보니 옆에 컨테이너 박스가 있었습니다. 그곳은 어느 모 자동차 회사의 임시 사업장이었습니다. 그분께 강아지를 데리고 가서 여쭤 보니, 도랑에 홀로 빠져 있던 개를 구출해서 잠시 데리고 있으셨다고 했습니다. 이제 도시로 이동하시는데 데리고 가실 거냐, 여쭤 보니 그렇지 못할 거라고…. 그럼 이 아이에게는 밥 주고 재워 줄 사람이 없어지게 된 것입니다. 그 회사 직원들이 물품을 빼고 철수 작업을 하는데 강아지가 갑자기 컨테이너 박스 밑에 쏙 들어가더니 나오질 않았습니다. 고개를 숙여 눈을 맞추려 해도 그 아기 진돗개는 시무룩했고 공포에 떠는 것 같았습니다. 홀로 땅 밑을 바라보다 눈물이 왈칵 쏟아졌습니다. 눈물을 감추고 어떻게 해서든 불쌍한 저 생명, 주인을 만나게 해주어야겠다는 마음이 들었고 하나님께 꼭 이 아이에게 잘 맞는 주인을 만나게 해달라고 기도했습니다.

그리곤 고민하던 중 지도중앙교회 목사님의 아들, 하늘이가 놀고 돌아왔습니다. 지도중앙교회에서도 목사님께서 처음 오실 때 데려온 여덟 살 된 달순이라는 백구가 있습니다. 저도 마당에서 진돗개를 키우는 터라 도착한 날 자연스럽게 바로 교회 뒤에 있는 두 개의 개집을 확인했었거든요. 그중 하나는 달순이 것이고 나머지는 빈집이었습니다. 아차! 싶어서 목사님과 하늘이에게 자초지종을 설명하였습니다. 1, 2차 면접을 모두 합격한 아기 강아지는 이제 지도중앙교회의 새 가족이 되었습니다. 달순이 2세 등등 여러 별명이 바로 붙였지만 그 이름은 아기 강아지를 책임감 있게 키워 줄 은인 하늘이가 지어 줄 것입니다. 기쁨에 젖어 있는 동안 목사님께서 제게 '선생님, 우리 하늘이가 이 아기 강아지를 데려가는 대신 선생님도 이 강아지가 얼마나 잘 자라는지 같이 지켜봐 주셔야 합니다. 그러니까 다음 지도 선교 때마다 선생님은 꼭 오셔야 합니다!'라고 말씀하셨습니다. 저는 즉시 '네!'라고 대답하였고 이렇게 저는 강아지를 통해 지도 선교 연장 계약을 체결하게 되었습니다.

하나님께서는 강아지를 유독 사랑하는 저를 아시고, 그 생명을 만나게 해 제 마음을 움직이시고 다음 선교까지 예비해 주신 겁니다. 저는 이 부분에서 저를 향한 하나님의 생동감 있는 역사를 충분히 누리고 왔습니다. 지금도 하늘이가 아기에게 이름을 어떻게 지어 줬을지 궁금하고, 지도 교회에서 보낸 시간이 벌써 그립습니다. 누구나 그렇겠지만, 이 세상은 점점 악해져 우리가 하나님을 묵상하는 시간을 공격하고 있습니다. 1년 365일 중 며칠이나 온전히 하나님에게만 초점을 맞추고 의지해 보는지 돌아봅니다. 선교 말고는 없는 것 같습니다. 부족한 내가 하나님의 꿈에 동참하는 게 얼마나 큰 영광인지, 또 하나님이 더 고개를 내밀어 면밀히 지켜보시는 선교 시간 동안 말씀 묵상과 기도의 힘은 얼마나 강력한지 다른 선생님들도 모두 체험해 보셨으면 좋겠습니다. 이미 그걸 누리시고 사모해서 가시는 분들도 있겠지만 말입니다.

저는 서울에 도착하고 마음이 떨렸습니다. 이 은혜들이 세상 속에서 흩어져 버릴까 봐, 제가 놓아 버릴까 봐 두려웠습니다. 집으로 돌아오는 길, 큰 바람이 저를 향해 불었습니다. 저는 잠시 눈을 감고 기도했습니다. 지도 선교 때 계신 하나님의 사랑은 지금 일산에서도 동일

하니 안심하라. 내가 어디에 있든 하나님의 소망을 마음에 품으면 주님은 나를 더 사랑하시고 보살펴 주신다. 그리고 잠들기 전, 선교 때 해왔던 큐티의 연속으로 마가복음 4장을 묵상하였습니다.

유년부 큐티의 영적 흐름은 정말 대단한 것 같습니다. 제가 방금 염려했던 것을 직언하신 부분입니다. 마가복음 4장 18-20절 '또 어떤 이는 가시떨기에 뿌려진 자니 이들은 말씀을 듣기는 하되 세상의 염려와 재물의 유혹과 기타 욕심이 들어와 말씀을 막아 결실하지 못하게 되는 자요 좋은 땅에 뿌려졌다는 것은 곧 말씀을 듣고 받아 삼십 배나 육십 배나 백 배의 결실을 하는 자니라.'

그렇습니다. 저는 가시떨기에 뿌려질 자가 될까 봐 두려웠던 것입니다. 예수님께서는 그런 저를 향해 직언을 해주신 겁니다. 좋은 땅이 되도록 제 마음 밭을 늘 점검해야겠습니다. 그리고 십자가의 은혜를 회복받은 것과 믿음의 선배님들이신 훌륭하신 선생님들과 학부모님들과의 대화들도 모두 잊지 못할 것입니다.

어리고 부족한 저를 사랑으로 바라봐 주시고 기도로 중보해 주시고 지켜봐 주신 모든 분을 축복합니다. 또 하나님께 이 은혜에 대한 영광을 모두 올려드립니다. 감사합니다."

"지도섬 가기 전에 매일 밤 9시 기도 시간에 지도섬 선교를 위해 간절히 기도를 했다. 작년에 제일 좋았던 기억은 지도섬 선교였다. 지도섬 선교가 너무 좋아서 올해도 또 간 것이다. 출발할 때부터 너무 마음이 설렜다.

지도섬에 가서 정말 열심히 공연을 연습했다. 힘든 연습이었지만 하나님을 생각하며 하니 내 마음은 즐거웠다. 전도할 때도 요한복음 3장 16절을 전했는데, 그 말씀을 전할 때마다 뿌듯하고 기뻤다. 공연을 할 때에도 하나님을 생각하면서 하니 웃음이 절로 나왔다. 몸이 불편하신 할머니와 할아버지를 안아 드리고 어깨도 주물러 드렸는데, 너무 좋아하셨다. 노방전도를 할 때 어떤 분이 웃으면서 교회에 오신다고 하셨다. 한 명이라도 더 예수님을 알게 된 기분이라서 정말 기쁘고 뿌듯했다. 가는 곳마다 간식을 주셔서 감사했다.

마지막 날 저녁에 집회를 했다. 기도회를 하는데 하나님께서 함께하시는 것 같았다. 친구와 함께 기도했는데 친구는 아빠가 교회를 안 다니셔서 같이 기도해 주었다. 눈물이 너무 많이 났다.

선교가 끝나고 집에 가는 길에 바다에서 놀았는데 재미있었다. 그렇지만 나는 전도하는 것이 더 좋았다. 왜냐하면 한 명이라도 더 예수님을 믿게 되기 때문이다. 서울에서는 비가 너무 많이 와서 피해도 많았는데 이곳에서는 선교를 하는 동안 비를 안 오게 해주셔서 참 감사했다. 3박 4일 동안 우리를 지켜 주신 하나님께 감사드린다.”

지도섬 선교는 앞으로 나의 비전 가운데 어떻게 선교를 적용해야 할지 깨닫게 하는 좋은 모델이 되었다. 이렇게 좋은 모델을 간직한 유년부에 우리 교회 이웃사랑선교부 담당 목사님이 연락을 해오셨다. '강원도 산간 어린이들에게 성경학교를 열어 주길 바란다'는 요청이었다. 사실 그때 우리 부서는 지도 선교를 진행하고 있었기에 굳이 다른 사역을 더 하지 않아도 되었으나, 다른 부서가 가지 못하는 상황이라는 이야기를 듣고, 하겠다고 말씀드렸다.

이렇게 갑자기 2009년에 지도섬 선교에 이어 강원도 정선과 임계에 가서 성경학교를 개최하게 되었다. 강원도 정선에서 진행된 성경학교에서는 또 다른 기쁨을 누렸다. 정선의 선교도 잘 마치고, 처음 들어보는 임계로 향하게 되었는데 임계 선교는 고행 길이었다. 선교팀이 이동하는 차가 시간이 맞지 않고 고장이 나서 못 온다는 바람에 길에서 노숙 체험을 하기도 했고, 더위에 모두 지치기도 했다. 그때 성숙한 우리 선생님들이 우리를 힘들게 하는 상황을 놓고 기도하자고 했다. 나는 원고도 없이 즉석 설교를 하며 '이 강원도 산지를 내게 달라'고 간절히 기도했다. 기도 응답으로 드디어 근처에 버스를 수배하여 목적지에 도착할 수 있었다. 그렇게 시작된 임계 선교는 하나님의 인도하심으로 잘 마무리가 되었고, 현지 목사님의 요청으로 그다음 해에도 선교가 이어지게 되었다.

임계 선교는 지도섬 선교와 달리 이단의 방해와 영적인 혼탁함 때문에 힘든 부분이 많았다. 임계 선교를 진행하면서 그곳은 지도섬과 아주 다른 곳임을 깨닫게 되었다. 처음 여름성경학교 사역을 하는데, 아이들이 이렇게 외쳤다. "됐어요, 춤은 그만 추시고, 만화영화나 보여줘요, 선물이나 주세요." 어디를 가든 춤추며 선교하는 우리 유년부 선교팀이 이렇게 강적(?)을 만난 것이 처음이었다. 다소 완강해 보이는 임계 어린이들 앞에 무기력하고, 힘든 시간을 보낸 적도 있었다.

하지만 지도섬 선교와 마찬가지로 말씀과 기도로 나아갈 때 놀랍게도 현지 아이들이 점점 변화되고, 매년 성경학교의 인원이 많아지고, 주께서 역사하심을 경험하게 되었다.

돌아보면, 유년부 선교는 우리가 원해서 한 일이 아니라 다른 부서의 요청을 받거나 아무도 가지 않아 하게 된 일이었다. 이후 사랑의교회 청년부에서 섬기는 풍익보육원에서 여름성경학교를 개최하는 데 도움을 요청받았다. 또한 유년부 교사로 섬기는 모 선생님의 요청으로 명륜보육원을 돕게 되었다. 여름 선교뿐 아니라 학기 중간에도 보육원을 방문하여 복음을 전하는 데 최선을 다하게 되었다.

다음은 풍익보육원과 명륜보육원 선교를 다녀온 유년부 교사의 선교 간증이다.

"'그런즉 너희는 먼저 그의 나라와 의를 구하라 그리하면 이 모든 것을 너희에게 더하시리라'(마 6:33). 이 말씀은 목사님께서 선교 일정을 말씀하실 때 강하게 제 마음속에 울려 퍼졌습니다. 저는 이 말씀이 곧 하나님의 음성이라고 확신했습니다.

그러나 모든 선교 일정에 참여하기까지 쉽지 않은 고민을 한 것이 사실입니다. '그래, 주님께서 내게 순종을 원하시는구나! 말로만 순종하지 말고 행함으로 나아가자'란 마음으로 유년부 국내선교에 모두 참여하게 되었습니다. 또한 제일 걱정이었던 어머니께서 모든 일정을 흔쾌히 허락하시는 것을 보고 주님의 인도하심을 느꼈습니다.

주님의 은혜로 지도와 임계를 다녀온 후 풍익보육원 캠프 장소인 가평의 한 폐교된 분교에 갔습니다. 그곳에서 분주하게 움직이는 청년들을 보며 활기와 생동감을 느낄 수 있었습니다. 풍익 임원들에게 극진한 대접을 받으며 왠지 으쓱해지는 게 연예인이 된 것 같은 기분이었습니다. 그런데 문제가 생겼습니다. 공연복을 갈아입는 곳에 한 아이가 들어와서 제 핸드폰을 가지고 줄까 말까 장난을 끝도 없이 하는 겁니다. 한 대 쥐어박고 싶었지만 선교의 영적 전쟁이 시작되었구나 하는 생각에 꾹 참고 웃으며 아이를 달래서 받아냈습니다. 집회가 시작되었는데 모여든 아이들과 선생님들이 모두 20여 명밖에 되질 않았습니다. 아이 한 명에 선생님 한 명이 배정되고, 그리고 그외 청년부 지체들이 그들을 섬겼습니다. 아이와 교사가 하나가 된 듯 꼭 붙어 있었습니다.

공연 도중 또 한 번 문제가 생겼습니다. 제 손이 목사님의 얼굴을 치게 되었습니다. 다행히도 크게 다치지 않으셨는데 제 마음은 너무도 무겁기만 했습니다.

그래서 안일했던 제 마음을 다시금 붙잡게 되었습니다. 그리고 집회를 위해 간절히 기도하게 되었습니다. 그 자리에 있었던 열 명의 아이 중 두 명은 자고, 한 명은 집중을 못했으나 목사님의 복음 선포로 거의 일곱 명의 아이들이 복음을 영접했습니다. 천하보다 귀한 영혼이 주께 돌아와 기뻤습니다. 그리고 집회 마지막 시간, 워십댄스로 우리는 하나가 되었습니다. 졸린 눈을 비비며 열심히 율동을 따라 하는 아이들을 보며 몇 백 명 앞에서 공연할 때보다 더 큰 기쁨을 느꼈습니다.

풍익보육원 집회를 마치고 바로 가까운 곳에 명륜캠프 장소로 이동했습니다. 먼저 고등부 집회를 하고 있었는데 주제는 '비전'이었습니다. 지난겨울에 봤던 얼굴들이라 반가웠습니다. 각자 자신의 꿈을 수줍게 나누는 모습을 보고 저는 피곤을 이기지 못하고 먼저 잠자리에 들었습니다. 깨어 보니 한 아이가 제 옆에 누워 있었습니다. 전 감격했습니다. 처음엔 보육원 아이들이라 그런지 아이들에게서 벽을 느꼈었는데 지금 한 아이가 제 옆에서 잠들어 있다니 놀라웠습니다. 그러나 그 감격은 금세 사라지고 말았습니다. 나중에 알고 보니 그 아이는 침대에서 자다가 떨어져서 제 옆에서 자게 된 것이었습니다. 그런 줄도 모르고 착각하고, 그렇게 좋아했네요.

아쉬웠지만 이전보다는 한 발짝 다가갈 용기를 내어 볼까 하는 생각을 하게 되었습니다. 고등부와 그렇게 헤어지고 바로 우리가 함께해야 할 초등학교 고학년과 중등부 아이들이 왔습니다. 모두 구면인 친구들이었습니다. 그러나 또 지난겨울처럼 힘들었던 아이 한 명이 제게 맡겨졌습니다. 사실 이 아이 때문에 제가 아직 보육원 아이들에게

다가가는 것이 무리라고 생각했기 때문에 솔직히 두려웠습니다. 열 명의 아이들에게 집회 주제인 '비전'에 대해 열심히 말씀을 전하시는 목사님 말씀에 집중하지 못하는 몇몇 아이들을 보며 안타까웠습니다. 그러나 집중을 못하는 것이 아니란 사실을 나중에 알게 되었습니다. 기도하는 시간 아이들을 바라보았습니다. 말은 하지 않았지만 서로 눈치만 보는 것이 보였고, 어느 정도는 그 말씀에 집중했습니다. 특히 개인 공간이 없이 사는 아이들이다 보니 주님을 만나려는 노력 또한 쉽지 않을 것이라는 생각이 한순간 스쳤습니다.

풍익보육원은 아이들을 일대일로 케어하는 사역인 반면 명륜보육원은 우리 교회 한 권사님의 가족과 두 분의 선생님의 헌신으로 이루어지는 사역이었습니다. 그분들이 주님의 사랑을 전하는 모습에 감격하지 않을 수 없었습니다. 또한 내게 두려움을 안겨 주었던 그 아이가 겨울에 내게 대하던 것과는 다른 모습을 보여 이 아이들이 다가가기가 힘든 것이 아니라 내가 이 아이들을 이해하지 못하고 있었다고 느끼게 되었습니다. 막힌 아이, 담이 높은 아이가 아닌 친해져야 할 시간이 필요한 아이들이었습니다. 이번 사역을 통해 아이들에게 사람의 체온을 느낄 수 있는 사랑의 후원이 절실히 필요하다는 것을 알게 되었습니다.

바로 나의 주님이 사람으로 오신 것은 우리가 그 사랑을 피부로 느낄 수 있도록 하시기 위해서가 아닐까 묵상하게 되었습니다. 명륜보육원 아이들에게도 일대일로 돌봐줄 수 있는 선생님들이 있었으면 좋겠다는 바람이 생겼습니다. 그랬다면 이 명륜 아이들이 말씀 시간과 기도 시간에 하나님을 만나기 위해 집중할 수 있지 않았을까 하는 생각이 들었습니다. 이 아이들을 돌보는 일이야말로 성경에서 말하는 고아를 걱정하시는 주님의 사역에 동참하는 일이 아닌가 생각하며 주님의 마음을 느끼게 되었습니다. 그것이 저에게 이번 선교 미션인 순종이었습니다. 그리고 참으로 한 사람을 향한 주님의 사랑이 느껴졌습니다. 여러분도 마음을 열어 예수님이 돌보라고 직접 말씀하신 고아와 어린이들에게 다가가 일대일 케어를 통해 주님의 마음을 느끼고, 경험하길 소망합니다. 감사합니다.”

그리고 2011년 봄에 말레이시아 페낭의 선교사님이 어린이 제자훈련 세미나를 요청하셨다. 이 요청을 받고 유년부에서는 해외 선교 팀을 구성하여 준비했다. 현지 어린이 제자훈련 세미나와 현지 교회 방문 사역이 주된 사역이었다. 우리 유년부 선교팀은 우여곡절 끝에 도착하여 세미나가 있던 아침부터 눈물로 기도하였다. 그날 저녁부터 세미나를 통해 다음날 오후까지 어린이 제자훈련의 전 단계인 설교-큐티 실천, 어린이 제자훈련의 실제, 어린이 제자훈련을 받은 어린이들을 지원하는 문제와 교사 교육에 대한 내용을 강의했다.

유년부 선교의 무기인 어린이 워십댄스는 국내에서만 인기가 있는 것이 아니었다. 현지 선교사님이 “회교권에 있는 분들이 이렇게 격렬하게 춤추며 찬양하는 것은 처음 보았습니다”라고 말씀하실

 3부 교회를 세우는 주일학교 이야기

정도로 현지 반응은 우리가 예상한 것보다 대단했다. 세미나 사역이 끝나고 현지 목회자가 우리에게 다음 선교 사역에 대해 물었다. 우리는 한목소리로 '기도하고 있다'고 하자 웃으면서 다음에는 현지 어린이들을 모아 "키즈 캠프"를 열어 주자고 부탁하셨다. 그래서 2012년 말레이시아 페낭 서머 키즈 캠프를 하게 되었다. 사랑의교회 열두 제자 시리즈 여름캠프 교재를 영어로 번역하여 사용하고 영어 찬양으로 진행되는 캠프였다. 사랑의교회 선교 역사상 이런 형태로는 처음 진행되는 선교였고 무엇보다 사랑의교회 목회 철학인 제자 훈련을 접목한 캠프였다. 우리는 이 캠프를 계기로 계속적으로 어린이 제자훈련을 할 예정이다.

하나님께서 유년부 선교를 준비하면서 내게 주신 음성은 "선교는 하나님의 관심이며, 함께 선교하는 우리는 행복하다"이다. 이러한 선교에 대한 주의 음성을 기반으로 다음과 같이 선교 규칙을 만들어 보았다.

사랑의교회 주일학교 유년부 선교 규칙

1. **선교는 영적 전쟁이다.** 따라서 선교에 참여하기 위해서는 유일한 영적 공격 무기인 큐티를 날마다 빼놓지 말고 해야 한다. 선교지에서 말씀 묵상은 선택이 아니라 필수이다. 하루 전 큐티를 꼭 하고, 묵상그룹조에서 반드시 자신의 큐티와 선교 사역에 적용할 내용을 발표하며, 평가를 나눈다.

    - 묵상그룹조는 아침 식사부터 묵상을 나누고, 저녁 잠자리에 들기 전, 말씀을 묵상하고 실천한 삶을 나누어야 한다.

2. **선교는 인간관계가 중요하다.** 자칫 선교지에서 피곤한 몸과 지친 체력으로 관계 가운데 상처를 줄 수 있다. 또한 자신의 불평을 주변의 사람들에게 호소하여 선교지의 상황에 부정적인 영향을 줄 수 있다. 그러기에 선교지에서 자신과 동역자들을 위해 계속 기도해야 한다.

3. **자비량 선교여야 한다.** 사도 바울은 천막을 만들며 자비량으로 선교했다. 어른과 어린이들은 각 선교팀 회계에게 회비를 내고 오가는 길의 간식 및 식사 비용 역시 각자가 부담해야 한다. 그리고 은혜받고, 선교에 더 헌신하고 싶은 사람들은 물질 후원도 가능하다. 선교를 하고 남은 물질은 선교지에 성경과 신앙생활에 도움을 주는 경건서적을

보내는 데 남김없이 쓰고 있다.

4. 선교는 하나님의 관심이며, 함께 선교하는 우리 모두는 행복하다. 선교 자체가 행복해야 다음에도 참석하고 싶고, 다른 사람들도 참여하고 싶다. 이 선교는 사랑의교회 사역지에 비해 다소 힘들지만 하나님의 관심이며, 우리가 행복할 수 있는 길이며, 하나님의 나라가 확장될 수 있는 통로다. 미소를 지으며 선교를 떠나며, 더 적극적이고 긍정적으로 서로를 향해 밝게 웃으며 인사한다.

5. 선교는 규칙을 지켜야 한다. 개인행동은 자유 시간에만 할 수 있도록 제한하고, 전체가 함께 모이고, 기도하고, 묵상할 수 있도록 한다. 각 팀을 담당하는 조장들은 이 점을 꼭 확인하고 공지하여 시간 낭비 없이 집중할 수 있는 선교가 되도록 한다.

6. 선교는 끝까지 섬겨야 한다. 선교지의 환경 때문에 팀워크를 고려하여 원칙적으로 선교의 시작에서부터 끝까지 모두 함께할 수 있는 사람만 참석할 수 있다.

7. 선교는 은혜의 발자취를 남겨야 한다. 분량에 상관없이 선교를 갔다 온 모든 어린이, 교사, 학부모들은 후기를 작성하여 담당 사역자에게 메일로 제출하거나 유년부 교사 카페에 올린다. 선교지의 은혜를 위해 기도해 준 주변의 기도 후원자에게도 전하여 함께 선교의 기쁨을 누릴 수 있게 한다.

"그러므로 너희는 가서 모든 민족을 제자로 삼아 아버지와 아들과 성령의 이름으로 세례를 베풀고 내가 너희에게 분부한 모든 것을 가르쳐 지키게 하라"(행 28:19-20). 우리는 예수님이 주신 지상명령을 철저히 수행해야 한다. 특별히 다음 세대에 해당하는 도서 산간의 어린이들에게, 열방에 해당하는 복음의 불모지의 어린이들에게 우리가 복음을 전하여 하나님의 말씀으로 예수님의 제자를 삼는 이 귀한 월드비전을 함께 이루어 나아가길 소망한다.

어린이 주일학교에서
학부모 기도회라고요?

Chapter 09

다음 세대의 어린이들을 향해 품은 열정은 선교를 통해 확장되고 있었지만, 아울러 나는 아이들의 부모들에게까지 그 열정이 확산되어야 한다는 생각을 오래전부터 하고 있었다. 그래서 2006년에 도전을 해보기로 했다. 가정통신문을 보내어 유년부 학부모 기도회를 한시적으로 시작한다고 광고하였다. 기도회가 있는 날, 두근거리는 마음으로 학부모들을 기다렸으나 단 두 분이 오셨다. 학부모 자리를 교사들이 채우고 말씀을 전하며 기도했다. 그리고 다시 학부모 기도회를 열 수는 없었다.

학부모 기도회를 한다고 했을 때 모 목사님께서 "최 목사님, 주일학교 학부모 기도회는 고3 수험생 기도회와 청소년 학부모 기도회만 가능해요. 어린이 주일학교에서 학부모 기도회라고요, 말도 안 돼요"라고 말씀하셨다. 그때는 이 말씀을 받아들일 수 없었다. 주일학교 사역에서 가장 중요한 것은 어린이들이 말씀과 기도로 변화되어 예수님의 작은 제자가 되게 하는 것인데, 그러려면 부모의 역할이 가장 크다고 느껴 실행하고자 했던 것이다. 결국 유년부 학부모 기도회의 실패를 통해 부모들은 자녀의 영적 생활에 크게 관심이 없다는 것을 실감했다. 아이들의 영적 변화를 위해서는 오직 교사들이 더 변화되고 양육되어, 각자 맡은 반의 아이들을 변화시키는 길밖에 없다고 느끼며 교사 양육에 계속 매진했다.

그러던 중 하나님의 은혜로 2008년에 내가 사랑의교회 어린이 주일학교 팀장이 되면서 미국 교회 주일학교 세미나와 탐방을 하게 되었다. 새들백교회의 주일학교 세미나와 애틀랜타 노스포인트교회에서 열리는 세미나에 참석하게 된 것이다. 특별히 새들백교회의 주일학교 세미나에서는 어린이부터 부모, 할아버지, 할머니까지 모두가 "목적이 이끄는 삶"을 가장 중요하게 여기며, 같은 메시지와 교육을 받고 있음을 확인했다. 또한, 노스포인트교회의 주일학교에서는 일반적으로 매달 한 번은 학부모들과 함께 예배를 드리고 있었다. 한국 교회 대부분은 주일학교 교사에게 교사 교안을 배부하여 교사가 아이들의 영적 교육을 담당하지만, 노스포인트교회의 경우 "페어런츠 가이드"라고 해서 부모에게 교안이 나갔다. 이는 일주일 중, 아이와 1시간 20분 정도 같이 있는 주일학교 교사보다, 대부분의 시간을 보내는 부모가 신앙교육을 해야 한다는 점을 실제로 주일학교 교육에 적용한 것이었다. 이러한 주일학교 교육을 접하니, 주일학교가 살아나기 위해서는 부모들의 참여가 중요함을 새삼 다시 깨닫게 되었다. 그렇게 미국 교회 주일학교 현장에서 본 내용을 사랑의교회 어린이 주일학교에 접목할 필요성을 확실히 느끼게 되었다.

2010년, 어린이 주일학교를 전 세계적인 사역으로 세우고자 고심 끝에 이름을 "캔-스토리" 사역이라고 명명했다.

사역 철학을 세우고 처음으로 함께하는 어린이 연합예배인 캔-스토리 워십을 시작했다. 캔-스토리 워십은 어린이 주일학교 모든 어린이, 교사, 학부모들이 한자리에 모여 말씀과 찬양과 기도 가운데 하나님을 경험하며, 나와 가족뿐 아니라 이웃을 위해 함께 기도하는 연합 예배이다. 캔-스토리 워십에는 특별한 순서가 있는 것이 아니라 평소 예배처럼 앞부분에 찬양을 하고, 이야기 설교를 하고, 그 설교의 내용을 가지고 기도회를 하며, 마지막에 어린이 워십댄스를 하며 마치는 예배였다.

2010년 11월에 시작된 어린이 연합예배는 사랑의교회 역사상 처음 진행되었기 때문에 몹시 긴장되고 떨렸다. 이 예배를 위해 금식하며, 간절히 중보 기도했고, 몇 명이 참가할지 어린이 사역자끼리 회의를 했다. 주일 저녁에 대예배를 드리는 본당에 사람이 가득 찰까? 간식을 몇 명분이나 준비할까? 우리는 믿음이 적어서 1000명은 넘지 않을 것으로 생각하고 1000명분의 간식만 준비했다. 그런데 놀랍게 11월 추운 날씨에도 수많은 어린이와 부모들이 오셨다. 마치 그 유명한 사랑의교회 특별새벽기도회나 평소 2-3부 예배처럼 사람들이 줄을 서서 예배당으로 들어갔다. 마침내 2000명이 넘는 인원이 들어와 함께 예배를 드렸다. 그렇게 많은 분이 오셔서 함께 예배드리게 될지 예상하지 못했다. 그리고 주일학교 부모들에게 이런 예배가 필요하며 부모들을 대상으로 사역을 해도 되겠다는 자신감이 생겼다.

이후에 어린이 주일학교 학부모 기도회 담당 목사님과 함께 우리나라에서 주일학교 학부모 기도회를 잘하는 교회에 대한 자료를 수집하고 정리했다. 그리고 정기적으로 학부모 기도회를 개최할 준비를 진행해 나갔다. 먼저 학부모 기도회에서 가장 중요한 것은 메시지, 즉 설교인데, 학부모 기도회를 할 때는 가정에 꼭 필요한 말씀을 선포하고, 주일학교 커리큘럼처럼 시리즈 설교가 진행되어야 하겠다는 생각이 들어, 다음과 같이 학부모 기도회 커리큘럼을 짜 보았다.

사랑의교회 어린이 주일학교
학부모 기도회 주제 시리즈

복수 당하고, 축복받는 부모 시리즈

1. 세상의 가치를 추구하여 복수 당한 부모(롯)

2. 자녀의 기를 살려 주는 데 급급하여 복수 당한 부모(엘리)

3. 하나님의 뜻을 따라 양육하여 축복받은 부모(요셉과 마리아)

거룩한 불만족으로 꿈을 이루는 가족 시리즈

1. 거룩한 불만족으로 자신의 고향을 떠나 꿈을 이루는 아브라함

2. 거룩한 불만족으로 담대하게 적들과 싸워 승리하여 꿈을 이루는 다윗

주님이 말씀하시는 대로 공부 잘하는 방법을 알려 주는 부모 시리즈

1. 잠언이 알려 주는 공부 잘하는 방법 -1

2. 잠언이 알려 주는 공부 잘하는 방법 -2

성경의 말씀대로 기도하는 부모 시리즈

1. 가장 빨리 기도의 응답을 받은 모세의 기도

2. 특별한 자리에서 기도하여 응답받은 야곱의 기도

예수님을 본받는 가족 시리즈

1. 예수님의 말씀 묵상을 본받는 가족

2. 예수님의 기도를 본받는 가족

위의 커리큘럼에서 가장 신경 쓰고, 준비한 것은 바로 가정에서 어떻게 '예수님처럼 말씀을 묵상하고, 예수님처럼 기도하게 하는가'였다. 그래서 "예수님의 말씀 묵상"이라는 주제로 가정에서 적용할 수 있는 큐티 실천 방법을 소개했고, 예수님의 주기도문을 근거로 한 "예수님의 기도법"을 구체적으로 제시하면서 그 기도법대로 기도하도록 독려하였다. 그 기도법은 다음과 같다.

사랑의교회 어린이 주일학교
학부모 기도회 기도법

★ 예수님처럼 기도하는 원리(pray)

1. praise – 먼저 영광을 구하며 찬양하며, 기도한다.

1) "여호와를 두려워하는 너희여 그를 찬송할지어다 야곱의 모든 자손이여 그에게 영광을 돌릴지어다"(시 22:23).

   ※ 성도는 거룩한 하나님께 영광을 돌린다.

2) "이는 잠잠하지 아니하고 내 영광으로 주를 찬송하게 하심이니 여호와 나의 하나님이여 내가 주께 영원히 감사하리이다"(시 30:12).

   ※ 말씀을 행함으로 감사를 고백한다.

3) "하나님이여 주는 하늘 위에 높이 들리시며 주의 영광은 온 세계 위에 높아지기를 원하나이다"(시 57:5).

   ※ 온 세계를 향하여 하나님 나라의 확장을 선포한다.

2. repent – 영광의 하나님 앞에 회개하며, 기도한다.

1) "주 여호와의 말씀이니라 이스라엘 족속아 내가 너희 각 사람이 행한 대로 심판할지라 너희는 돌이켜 회개하고 모든 죄에서 떠날지어다 그리한즉 그것이 너희에게 죄악의 걸림돌이 되지 아니하리라"(겔 18:30).

2) "회개하라 천국이 가까웠느니라 하였으니"(마 3:2).

3) "내가 너희에게 이르노니 이와 같이 죄인 하나가 회개하면 하나님의 사자들 앞에 기쁨이 되느니라"(눅 15:10).

※ 자신의 죄를 놓고 매일 회개함으로 패망하지 않고, 천국에 이르고, 하늘의 기쁨을 얻게 된다.

3. ask – 공동체의 기도 제목을 놓고 먼저 기도한다.

1) "네 마음을 다하고 목숨을 다하고 뜻을 다하고 힘을 다하여 주 너의 하나님을 사랑하라 하신 것이요 둘째는 이것이니 네 이웃을 네 자신과 같이 사랑하라 하신 것이라 이보다 더 큰 계명이 없느니라"(막 12:30-31).

※ 하나님을 사랑하는 마음으로 영광을 돌리며, 이웃사랑의 공동체를 놓고 중보기도 한다(특별히 목회자 – 전도대상자 – 이웃 – 가족 순으로 기도한다).

2) "모든 기도와 간구를 하되 항상 성령 안에서 기도하고 이를 위하여 깨어 구하기를 항상 힘쓰며 여러 성도를 위하여 구하라"(엡 6:18).

※ 하나님께 기도함으로 승리하되 교사, 학부모, 아이들이 악에서 구원받도록 중보기도한다.

4. yield – 개인적인 헌신을 다짐하며, 그 소원을 기도한다.

1) "야베스가 이스라엘 하나님께 아뢰어 이르되 주께서 내게 복을 주시려거든 나의 지역을 넓히시고 주의 손으로 나를 도우사 나로 환난을 벗어나 내게 근심이 없게 하옵소서 하였더니 하나님이 그가 구하는 것을 허락하셨더라"(대상 4:10).

※ 하나님께서 응답을 쉽게 허락함은 그가 지경의 확장을 통해 하나님께 헌신을 다짐

했기 때문이다. 하나님께 헌신하기 위하여 자신의 어려움을 놓고 기도한다.

2) "주 여호와께서 이같이 말씀하셨느니라 그래도 이스라엘 족속이 이
같이 자기들에게 이루어 주기를 내게 구하여야 할지라"(겔 36:37).

※ 자신의 소원을 생각만 하면 안 된다. 주 여호와 하나님께 구해야 한다. 소원하는 바
를 기도의 자리에서 기도한다.

이러한 성경적인 기도법을 제시하고 함께 기도하며, 가정에서 기도하게 하였다. 또한 그 커리큘럼 중에 "거룩한 불만족으로 하나님이 주신 꿈을 이루자"는 설교를 하다가 구체적인 두 가지 거룩한 불만족에 대해 이렇게 말씀을 전한 적이 있다.

"가정에서 거룩한 불만족 중 소극적인 거룩한 불만족의 예를 들어 보겠습니다. 아내인 경우 밤마다 연속극을 보거나 혹은 남편의 경우 뉴스나 스포츠를 즐겨 본다고 합시다. 이전에는 그런가 보다 하고 지나갔지만 어느 날부터인가 밤에 텔레비전을 보는 것은 하나님이 기뻐하시는 삶이 아니라고 거룩한 불만족을 표출하는 것입니다. 자신에게 익숙해져 있던 텔레비전을 보는 시간을 가족을 위해 기도하는 시간으로 전환하기로 다짐하는 것입니다. 배우자 중 한 명이라도 반대가 있거나 힘들면 그 환경을 그대로 가지고 하나님 앞에 나아가 기도하고, 부르짖어야 합니다. 여기서 중요한 것은 함께 있는 가족에게 거룩한 불만족을 분노로 표출하는 것이 아닙니다. 예컨대 남편에게 '당신, 뉴스, 스포츠 이제 그만 보세요. 우린 거룩한 가정이 되어야 해요. 텔레비전 끄세요'라고 잔소리하는 것이 아니라는 것입니다. 다만 같이 텔레비전을 보지 않고, 나와서 성경을 묵상하거나 더 열심히 거룩한 불만족을 토로하며 하나님께 간절히 기도하는 것입니다. 그리고 평상시 더 남편에게 잘해 주며 자기희생을 감행하면 그때 주께서 놀랍게 역사하사 배우자를 바꾸셔서 가정을 거룩한 분위기로 만들어 가실 것입니다.

또한 적극적인 거룩한 불만족의 예를 들면, 여름휴가를 맞이하여 좋은 곳으로 가족여행을 가는 것도 좋지만 이웃을 나 자신과 같이 사랑하는 것을 우리 가정의 비전으로 삼았다면 여름휴가 때마다 선교지나 어려운 사람들을 위해 간절히 기도하고, 그들을 찾아가서 실제로 봉사하는 것입니다. 그러면 이러한 실제적인 희생을 감행하고, 거룩한 불만족으로 간절히 기도한 믿음의 가정을 주께서 실제로 책임지시고, 더 큰 지경으로 나아가게 하실 것입니다."

이러한 말씀을 제대로 듣고, 결단한 한 학부모가 다음과 같이 고백했다.

"거룩한 불만족으로 안전한 자기 집 둥지를 떠나기로 결정한 아브라함의 이야기를 주신 주님께 감사를 드립니다. 저의 삶에 계속적으로 주시는 말씀에 제가 이래저래 순종하기 어렵다는 핑계를 대었지만 과감하게 적용을 하기로 했습니다.

가족 모두에게 참 쉼보다는 피로를 더하는 잘못된 시청 습관, 특히 심한 것은 바로 저였습니다. 아들을 제외한 가족이 동의했으나 너무 큰 구형 TV를 처리하지 못하고 있었는데 말씀 들으며 결정하여 집에 돌아와 바로 실행에 옮겼습니다. 내다 버렸습니다. 한동안 저와 아들은 적응이 안 되어 몹시 아쉬워할 것 같은데 그동안 TV를 시청

하던 시간을 가족끼리 함께하는 쉼의 시간으로 보내길 기대합니다."

이러한 학부모님의 결단은 나에게 큰 도전이 되어 이 간증을 주변의 사람들에게 들려주었다. 그랬더니 이 간증을 들은 분들이 내게 이렇게 말했다. "그 학부모님 어디에 사시나요? 정확하게 언제 버렸나요?" 이러한 일화를 통해 학부모 기도회에 대한 관심이 높아졌고, 사랑의교회 신문인 「우리지」의 취재 대상이 되기도 했다.

그 외 여러 학부모님들이 학부모 기도회에 참석하여 은혜받은 것을 이렇게 간증하였다.

"예수님의 기도를 본받는 가족 설교를 듣고_ 학부모가 되어 이런 은혜로운 학부모 기도회에 참석할 수 있게 되어 너무 감사한 날이었습니다. '내 아이들을 위해 기도해야 하는데, 어떤 방법이 좋을지 답을 알 수 있지 않을까?' 하는 막연한 기대감으로 처음 참석하게 되었는데, 제게 너무나 큰 힘이 되고 도움이 되는 말씀을 듣고 은혜로운 찬양을 하고 왔습니다. 그동안 우리 아이들과 기도할 때 너무 작게 우리 가족, 지인들만을 위해 기도했던 제 모습이 부끄러워 회개하게 되었습니다. 또한 예수님의 기도를 본받는 가정이 되어야겠다고 다짐했습니다."

"복수당하는 부모 시리즈 설교를 듣고_ 44개월 된 남자아이를 키우

고 있는 엄마예요. 아이가 좀 감성적이고, 소심하고, 자기표현도 잘
못하다 보니 상처를 쉽게 받는 것 같아 아이의 기를 살려 주면서도
성경적인 훈계로 순종 잘하는 아이로 키우는 것이, 저에게는 너무나
어렵게 느껴졌고, 늘 갈등하고 있었습니다. 아이의 감정을 살피느라
인내하고 있는데 아이가 나의 노력은 몰라준 채 제멋대로 행동할 때
는 화가 치밀어 화를 분출하곤 하여 균형감이나 일관성이 결여되어
있었습니다. '하나님을 사랑하고 네 맘대로 하라'는 계명 안에서 자유
를 누리라는 말씀이 공감이 많이 되지만 스스로 원칙과 기준이 없다
보니 자유함도 없고, 아이를 잘 키우지 못했네요. 다시 한 번 이 말씀
을 들으면서 내 권위가 아닌 하나님의 권위와 말씀으로 아이를 양육
하겠다고 다짐해 봅니다. 쉽고도 구체적인 자녀 양육에 대한 말씀 주
셔서 감사드립니다."

"예수님의 묵상을 본받는 가족 설교를 듣고_ 학부모 기도회가 있기
하루 전부터 마음속으로 심하게 갈등했다. 홀몸이라면 가벼운 마음
으로 버스를 타고 강남으로 마실 나가듯 갔을 텐데…. 7개월 된 꼬맹
이를 데리고 버스를 타고 40분 정도 소요되는 교회까지 가려니 꾀가
났다. '큰아이를 생각하면 여유로울 수 없는데…' 하면서도 내 몸이
피곤할 걸 생각하니 잠시 주춤해진다.
드디어 기도회 아침, 왠지 주님이 나를 초대하는 그런 기분이었다. 유
혹을 떨치고 꼬맹이를 안고 버스를 타고 즐거운 마음으로 도착했다.

목사님의 설교가 시작되면서 가벼웠던 마음이 무거워졌다. 아, 도대체 나는 이제껏 아이에게 무엇을 가르쳤단 말인가? 큐티는 한다고 했지만 실천으로 이어지지 못한 결과, 오히려 아이가 크리스천 부모로부터 괴리감을 느끼는 것 같았다. 삶으로 몸소 보여주지 못했던 것이다. 내가 먼저 흔들리지 않는 신앙의 정체성을 가지고 아이를 교육시켜야 하는데, 때때로 분을 이기지 못해 받은 은혜를 말로 쏟기 일쑤였다.

나를 점검해 볼 수 있는 좋은 기회였다. 기도회가 끝나고 나서 바로 서점으로 달려갔다. 큐티 노트를 두 권 사서 기쁜 마음으로 다시 버스에 올랐다. 다시 나와 아이가 제자리를 잡을 수 있을 거라는 희망이 솟았다. 누가 듣든 말든 찬양이 절로 나왔다. 버스 안에서 꼬맹이랑 재미나게 찬양을 부르며 왔다. 역시 우리 주님은 유혹을 떨치고 온 나를 그냥 돌아가지 않게 하시고, 목사님의 입을 통해 큰 선물을 안겨 주셨다. 할렐루야, 우리 주님 만세!"

"거룩한 불만족으로 꿈을 이루는 설교를 듣고_ 기도회 전, 찬양 시간부터 많은 은혜를 받았고, 이 자리가 어머니의 눈물의 기도가 쌓인 자리임을 알 수 있었다. 아브라함처럼 우리의 삶, 생활 속에서 거룩한 불만족을 품고 '더 이상 못 참아'를 외치며 소극적 실행(TV 안 보기, 큐티하기, 성경 읽기, 가정에서 자기희생하기)을 넘어 좀 더 적극적인 실행(이웃사랑, 단기선교, 아웃리치)으로 옮겨야 한다는 말씀에 은혜를 받았고 실행할 것을 결심했다.

※ 적극적 실행

1. 나와 아이가 각자 큐티를 했었는데, 오늘은 아이와 함께 성경 읽고 교제하며 일주일을 총정리했다.

2. 우리 반, 우리 학년, 우리 학교를 위해 시간을 정해 놓고 구체적으로 기도했다.

3. 작년 여름 화천으로 처음 아웃리치를 다녀와 너무 힘들어서 올해는 안 가려 했는데 기도와 체력을 무장해서 다시 가야겠다고 마음먹었고, 남편의 휴가를 반납하고 단기선교를 가야겠다고 계획을 세워 구체적으로 기도하겠다."

이러한 커리큘럼으로 진행되어 은혜를 나누었던 어린이 주일학교 학부모 기도회를 "캔-스토리 블레싱"CAN-STORY BLESSING이라고 명명했다. 어린이 주일학교 학부모를 주일학교의 모든 예배와 자녀의 신앙생활을 위해, 그리고 가정 안에서 제자로서의 삶을 위해 기도하는 중보기도회로 모이게 했다. 즉, 하나님의 기업인 자녀들을 하나님의 방법으로 양육하며, 예수님의 신실한 제자로 자라 가도록 기도하기 원하는 학부모님들이 참석하는 기도회이다.

그리하여 매년 1, 2학기 7-8주간 매주 목요일 오전 10시 20분-12시까지 진행된 학부모 기도회에 100명 내외의 학부모가 참석하게 되었고, 기도회 설교를 영상에 담아 어린이 주일학교 홈페이지(http://canstory.sarang.org/)에 올려 참석하기 힘든 분들도 간접적으로 참석할 수 있도록 했다.

그리고 점차 어린이 제자훈련생을 선발할 때 학부모 기도회에 과반수 참석한 부모들의 자녀를 우선으로 선발했는데, 유년부 어린이들에게는 부모들의 신앙이 크게 영향을 미치기 때문이었다.

말씀을 듣고, 삶에 적용한 부모들은 저마다 은혜를 많이 받고, 삶의 간증을 홈페이지 게시판에 올렸다. 많은 학부모의 간증은 사역을 하는 데 도전이 되었다.

이렇게 어린이 주일학교 부모들의 변화와 기도를 보며 참으로 감사하고 보람을 느꼈다. 나도 초등학생을 둔 두 아들의 학부모로서 실제 자녀들이 가진 문제와 아픔이 무엇인지 어느 정도 알고 있기 때문이었다.

자신의 생각과 주장을 적극 표현하는 청소년들과는 달리, 우리 어린 자녀들은 자신의 정신적 아픔과 상처가 얼마나 어떻게 힘든지 정확하게 표현하지 못한다. 너무 어리다 보니 자신의 상처나 아픔이 무엇인지도 모르는데, 많은 부모들이 이러한 아이의 아픔을 모른 채 더욱 책망하며 더 많은 학원에 보낸다. 이런 안타까운 상황에 처한 자녀들을 바라보면, 너무 마음이 아파 눈물로 기도할 수밖에 없다. 또한 우리 부모들도 학부모 기도회를 통해 사랑하는 자녀의 눈높이에 맞는 말씀을 전하여 그들 스스로 말씀대로 살아가도록, 가르쳐 지키게 해야 하는 사명을 품기를 간절히 소망한다.

목사님, 주일학교에 헌신하는

우리는 누가 제자훈련 시켜 주나요?

Chapter 10

유년부 부모들을 영적으로 성장시켜야 한다는 것을 깨닫기 전에 나는 먼저 교사를 깨워야 했다. 유년부 어린이 한 명을 변화시키기보다 아이를 담당하는 교사 한 분만 변화되면 그 반에 소속된 어린이가 모두 변화되기 때문이다.

처음 부서를 맡고서 신입교사 면담 때와 각 교사 다락방을 심방할 때 나는 교사들에게 매일 큐티하며 말씀대로 살고, 그 말씀대로 산 삶을 아이들에게 간증할 것을 강조하며 교사들을 양육하는 데 최선을 다했다.

본격적으로 교사를 양육하고자 그해 가을부터 매주 목요 경건 모임을 개최하게 되었다. 처음에는 하나님 앞에 매주 산 기도를 하기로 다짐하고 매주 혼자 청계산에 갔다. 몇몇 교사들이 '어디 가느냐?'고 물어서 산 기도를 간다고 하니, 교사들이 함께 참여하여 기도하면서 유년부 매주 경건 모임이 시작되었다.

그다음 해, 공동체 비전을 선포하며 이 모임은 유년부 매주 경건 교사 클럽으로 발전했다. 처음에는 세 명이 산 기도를 갔는데 그다음 해 5-7명, 2007년에는 10여 명, 2008년에는 20여 명으로 늘어났다. 매주 목요일 저녁에 간단한 식사 후 먼저 각자 한 주간 했던 설교 실천과 큐티 실천을 나눈 후, 내가 기도에 대한 설교를 하고 모두 그 약속의 말씀을 붙들고 먼저 유년부와 공동체를 위해 기도했다. 한 명이 와도 설교 준비를 하며 매주 유년부 예배를 살려 달라고 기도했다. 지금 생각해 보니 매주 목요 기도 모임에서 예배를 위해 중보기도했기에 하나님께서 예배를 살려 주셨고 인도하셨음을 알 수 있다.

이렇게 개인과 그룹으로 양육된 교사들이 교사 순장으로 파송되고, 부서에서 팀장과 모범적인 교사로 세워졌다. 나중에 이 모임은 교사 기도 모임으로 바뀌었고, 교역자 없이 자발적으로 모여 주일 예배를 위해 기도하는 모임으로 현재도 진행형이다.

경건 모임에 참석하지 못하는 교사들은 2-3명이 함께 소모임을 만들어 설교-큐티를 훈련하게 했다. 경기도 지역에 사는 교사들의 모임 이름을 "경기도"(**경**건생활을 **기도**로 **도**우는 모임)라고 지어 이들도 귀

     3부 교회를 세우는 주일학교 이야기

한 교사로 세워졌다. 그밖에 큐티 삼총사, 큐티 4걸 등 큐티와 기도 생활을 돕고자 작은 소그룹 모임이 활발하게 활동했다.

사랑의교회 주일학교 교사 다락방은 일반 다락방처럼 매주 2-3시간 한정된 공간에서 말씀으로 양육받지 못하기에 교사들을 양육하는 것이 절대적으로 필요했다. 주일학교는 주일 일찍 시작하지만 대학부, 특별히 청년부와 기드온 공동체는 오후 늦게 모임을 시작하기에 중간에 비는 시간이 많고, 두 공동체를 함께 섬기고 참석하기가 쉽지 않아서, 교사들이 대학부, 청년부, 기드온(30+ 공동체)에서 양육받기가 어려웠다. 그런 가운데 큐티 양육을 받은 교사 몇 분이 "목사님, 주일학교에 헌신하는 우리는 누가 제자훈련 시켜 주나요?" 하고 물었다. 그 말씀을 듣고 교사 제자훈련을 실시해야겠다는 생각이 들었다.

사실 나는 주일학교 사역자이면서 2006년부터 일반 교구 집사님들과 제자훈련을 했는데, 처음에는 멋모르고 시작하여 많이 미숙했다. 당시에는 유년부 사역을 더 중시하는 마음이 있어서 솔직히 더 열심히 훈련에 임하지 못하다가, 1년 훈련 후에 많은 연약함이 드러나 주님 앞에 철저하게 회개하고 다시 초심으로 돌아가 제대로 제자훈련을 준비했다. 제자훈련 체험학교도 신청하여 그곳에서 내 잘못과 허점이 무엇인지 깊이 깨닫게 되었고, 제자훈련에 올인하자 훈련하는 나와 훈련생 모두가 행복해지는 것을 경험했다. 제자훈련이야말로 목회의 본질이며 철학이고 핵심임을 크게 깨달았다.

이후에 여직장인 제자훈련을 거쳐 2011년에 사역훈련까지 맡게 되면서 훈련이 얼마나 기쁘고 보람 있고 행복한지 알게 되었다. 그 중에 맡았던 여직장인 제자반을 교회「뉴스위크」지에서 취재하여 쓴 글이 있어 소개한다.

우리들의 만나 '큐티'

토새가 끝난 직후 여직장 제자 23반의 열혈 훈련생 열두 명을 만났다. 유년부를 담당하시는 최재윤 목사가 훈련자인만큼 이 제자반의 특징은 비주얼 측면이 남달리 강했다. 훈련자는 온갖 예화를 들며 직접 신문을 둘둘 말기도 하고, 소품을 이용하여 말씀에 적용하는 것이 인상적이었다. 훈련 한쪽에선 실시간으로 사진을 촬영하며 핵심 내용을 기록하고 훈련이 끝난 직후 바로 자신들의 카페에 올린다. 훈련 찬양집은 매 시간 공과에 맞게 따로 제작했고 기도와 말씀, 찬양과 나눔이 한 치의 오차도 없이 완벽한 은혜의 틀 속에서 하모니를 이루며 돌아갔다. 정말 훈련 시간은 진정 강남의 아름다운 땅이었다.

그들은 모두 주부로서 직장에서 일을 마친 후 교회로 달려가 한 주의 훈련을 받는다. 슈퍼울트라 짱 여제자 훈련생이다. 그런데 그것이 끝이 아니다. 훈련이 끝나고도 그들은 각자 집으로 돌아가 또 카페를 통해 자연스럽게 훈련 당일의 은혜를 나눈다. 당연히 그 뒤풀이를 통해 훈련의 은혜는 곱빼기가 되었다. 무엇이 그들을 훈련의 은혜 속으로 자꾸 잡아 놓을까? 이에 질세라 훈련자 또한 훈련한 내용을 종합하여 훈련 당일 바로 카페에 올리므로 자신들의 카페는 훈련의 말씀과 훈련생들의 중보와 나눔이 차고 넘치는 또 하나의 아름다운 땅이 된다.

말씀 담당이었던 총무가 미국에 잠깐 가 있는 동안에도 여전히 매일 말씀을 날린 것을 위시해서, 그들은 밥 도우미, 간식 담당, 생일 기쁨조, 카페지기, 사진 촬영, 조장 등 모두 1인 1역 이상을 맡아 제자반을 섬긴다.

이제 그들은 "큐티에 열정적인 목회자"의 영향을 받아 훈련생 모두가 조금씩 말씀을 붙잡고 사는 삶이 어떤 것이지 알게 되었다. 하루만 지나면 만나의 신선도가 떨어지므로 날마다 맛있게 영적인 만나를 먹어야 함을 배웠다. "못해요…, 해요" 하다가 받게 된 훈련을 통해 이젠 날마다 새롭게 소생하는 영혼을 느끼며 자신들의 삶이 살아나고 있다고 입을 모은다. 자신과 가족에 국한된 기도를 욕심껏 드리다가 이제 나라와 민족, 교회와 목회자들을 위해 기도하는 자신들을 보며 어느새 주님의 눈물이 자신의 눈물이 됨을 보았다.

다음 세대를 어린이들을 말씀으로 양육할 교사들이야말로 이런 제자훈련을 반드시 받아야 한다고 확신했다. 그리하여 2009년 새 학기 들어가기 전 먼저 훈련부를 담당하는 전도사님의 허락을 받아 교사 제자훈련을 시작하게 되었다. 과정과 형식, 그리고 숙제 검사까지 일반 제자훈련과 똑같이 준비했다.

같은 공동체에서 교사를 대상으로 처음으로 실시하는 훈련이라서, 교구에서 하는 제자훈련처럼 엄격한 면접을 통해 훈련생을 선발할 수는 없었다. 그래서 기존의 영적 리더로 섬기고 있는 교사 순장, 비담임 팀장, 찬양 인도자로 구성하여 여덟 명의 인원이 모였다. 공간 사정상 매주 주일 오후 6시, 어린이 팀장실에서 간단한 저녁을 먹고 시작했는데, 주일 사역 후라 교사들이나 나도 피곤했지만, 제자훈련 교재 자체의 은혜와 다음 세대 어린이들을 하나님의 말씀을 통해 예수님의 제자로 삼겠다는 사명으로 늦은 밤까지 행복하게 훈련을 진행했다. 훈련이 끝나면 거의 탈진이 되는데도 "아… 또 제자훈련을 하고 싶다"는 생각이 들었다.

1기 제자훈련을 마친 후 1기의 좋은 영향을 받아 2기 때는 많은 분들이 지원하여 열두 명의 제자가 모였다. 이때 몇 가지 규칙을 마련했다.

사랑의교회 유년부 교사 제자훈련 규칙

기간 : 2-6월, 9-11월/ 매주 목요일 저녁 7시 30분-10시 / 연령 : 25-40세

1) 지원 필수조건

① 유년부의 영적 리더(스태프, 순장, 팀장 등)로서 소명의식이 있는 선생님

② 유년부 봉사로 인하여 대학부, 청년부, 기드온에서 훈련받기 어려운 선생님

③ 설교 말씀 실천, 큐티 말씀 실천을 최근 거의 빠지지 않고, 교사 다이어리(홀리데이 다이어리)를 사용하여 적극 실천하고 있는 선생님

④ 유년부 부서 모임(교사 전체 모임, 교사 준비 모임, 다락방 모임, 중보기도회, 선교 참석 등)에 적극적으로 참석한 선생님

⑤ 교사 경력 1년 이상이며 앞으로 4년 이상 교사로 봉사하려는 선생님

⑥ 교사 제자훈련에서 요구하는 숙제를 성실하게 하고 기도회(토요기도 모임)에 적극적으로 참석하실 선생님

2) 교사 제자훈련 탈락 대상자

① 향후 3년 안에 안에 해외 이주 또는 지방 이사 계획이 있는 분

② 훈련을 하는 데 건강상 문제가 있는 분

③ 매주 목요일 저녁 7시 30분-10시에 시간을 낼 수 없는 분

④ 훈련 기간 두 번 이상 결석이 예상되거나 지각을 자주 하게 될 분

⑤ 교사 모임이나 부서 활동에 정기적으로 참석할 수 없는 분

⑥ 세례교인이 아니며 본 교회 등록 후 새가족 모임을 불참하거나 12개월이 안 된 분

⑦ 대학부, 청년부, 기드온, 어른 제자훈련을 이미 받은 분

3) 교사 제자훈련 지원자 일정

해당 교사 순장 선생님께서 추천서를 내야 지원 가능하며, 교역자 개별 면담으로 진행된다.

4) 특이사항

① 현재 부서에서 영적 리더(순장, 팀장, 제자훈련 교사) 역할을 하고 계신 선생님은 위의 조건을 고려하여 교역자나 교사 양육 선생님의 판단으로 바로 지원 가능하다.

② 정원 여덟 명 이하 지원 시 위의 조건을 고려하여, 교역자 및 스태프 선생님의 추천을 통해 바로 지원 가능하되, 최종 훈련생이 여덟 명이 되지 않을 시 2학기 혹은 내년으로 모집을 연기한다.

　그다음 교사 제자훈련 기수는 더 많은 은혜와 도전을 나누는 과정이 되었다. 1년 동안 말씀에 근거한 삶을 나누며, 매 과마다 주어지는 성경적 가치관으로 행복한 훈련 과정을 보냈다. 훈련 사역을 하면서 가장 힘든 것은 사실 숙제 검사이다. 시간에 쫓기고 어려울지라도 숙제 검사는 반드시 해야 한다. 왜냐하면 숙제 검사는 교사들의 삶을 점검하게 해주며 제자훈련의 과정을 단단하게 만들어 주기 때문이다. 다음은 교사 제자훈련생에게 쓴 숙제 검사 글이다.

지정큐티 : 선생님! 하나님과의 만남인 예배는 소중합니다. 야곱은 주님을 만나자 새로운 희망과 소망을 갖게 됩니다. 복의 통로가 될 것을 확신하게 됩니다. 동일한 역사가 선생님의 삶 가운데 일어나 귀한 예배자로서 주어진 한계를 뛰어넘으며, 두려워하지 않고, 승리하는 소명과 비전의 교사가 되시기를 바랍니다.

생활숙제 : 선생님, 하루 전 큐티를 함으로써 아침 일찍부터 말씀의 의식대로 사는 것이 최고의 삶입니다. 기도도 가장 좋은 시간에 잘 맞추어 하셔서 날마다 승리하는 선생님 되세요. 일단 경건의 시간을 가지고, 절제의식을 가지고 인터넷과 TV를 활용하시고, 인터넷을 하실 때에는 제자반 카페를 잘 이용해 주시고, 텔레비전은 뉴스 위주로 보시기 바랍니다. 이제 하나님과 깊은 교제를 자주 가지셔서 주님이 선생님을 도우시는 데 방해가 없으시며, 그 공급하심으로 새로운 차

원의 삶으로 인도되시길 간절히 소망합니다.

신앙일기 : 지난주 토요일 산 기도를 통해 저도 비슷한 음성을 듣고, 그 자리에서 오열하며 기도했던 기억이 강하게 남아 있습니다. 제가 잘못한 것보다 주님을 그 자리에 기다리게 했던 제 자신이 너무 죄송하고, 슬펐습니다. 앞으로 선생님께서 기도의 자리와 예배의 자리를 더 사모하시고, 성장하시고, 은혜받으시길 기도합니다.

제자훈련과 숙제를 통해 은혜를 받은 교사들은 대부분 그러한 은혜를 자신의 반 어린이들과 다락방 선생님들과 나누었다. 그래서 교사 제자훈련을 통해 부서가 점점 질적으로 부흥하고, 선한 영향력이 선순환되었다. 다음은 교사 제자훈련을 통해 삶이 변화된 선생님들의 고백이다.

1) 교사 제자훈련을 통해 큐티를 함으로써 나의 삶을 조명하고 하루를 말씀 안에서 살 수 있었다.
2) 교사 제자훈련을 통해 하나님을 규칙적으로 만나는 나의 골방을 만들었다.
3) 교사 제자훈련을 통해 새로운 신앙관과 앞으로 평생 어떻게 살지를 알게 되었다.
4) 교사 제자훈련은 지친 내 영혼에 새 힘이 되었다.

5) 교사 제자훈련은 내게 로또였다. 왜냐하면 영적으로 대박을 맞았기 때문이다.

6) 교사 제자훈련을 통해 내 삶 전체를 주님께 의탁하며 헌신하게 되었다.

7) 교사 제자훈련을 통해 가르쳐 지키게 하는 비전에 대한 확신을 가지고, 아이들을 가르칠 수 있게 되었다.

8) 교사 제자훈련을 통해 나도 아이들을 제대로 양육하고, 예수님의 작은 제자로 만들겠다.

또한 많은 교사들이 교사 제자훈련에서 받은 은혜를 간증하였는데, 그 내용은 다음과 같다.

"첫 번째 훈련에서 '죽지도 말고 아프지도 말자'는 어마어마한 구호를 외치며 시작했는데 정말 마칠 때까지 죽지도, 아프지도 않았다. 먼저 아프지 않고 꾸준히 자리를 지키게 하신 하나님께 감사드린다. 나는 훈련 시작 당시 제자훈련에 집중할 생각과 마음의 준비가 되어 있지 않았다. 여느 때와 같이 회사 일 열심히 하면서 하루 훈련받는다는 생각으로 제자훈련을 시작했다. 그런데 제자훈련이 시작되자 그렇게 바빴던 회사가 한가해졌고 일 중심이던 내가 일보다는 훈련에 집중하는 한 해를 목표로 삼아 일찍 퇴근해서 숙제하며 자신과 싸웠다. 또 하루에 30분 이상 하나님 앞에서 하나님의 영광, 회개, 중보기도와 나의 비전을 놓고 기도하는 습관을 들였다.

제자훈련을 받고 나니 열한 명의 새로운 가족이 생겼다. 모일 때마다 느끼는 점이지만 우린 정말 다르게 지어졌다. 서로 다른 모습과 환경에서 살아온 각자가 만나 교제하고 함께 예수님에 대해 배워 가는 것은 너무 매력적이다. 서로의 매력을 인정하고 하나 될 때 우리는 어떤 것도 할 수 있는 가능성을 가진 하나의 작은 공동체가 된다는 것도 알게 되었다. 함께 기도하고 훈련받음이 너무 기쁨이 된다.

아직은 두렵고 떨리기도 하지만 더욱 하나님 앞에서 믿음의 선한 싸움을 싸우고, 승리하는 습관으로 갖춰져 다시 오시는 그 주님 앞에 부끄럽지 않은 교사가 되기를 더욱더 소망한다."

"제자훈련을 한마디로 정의하라고 한다면 영적인 '종합건강검진'이라고 말하고 싶다. 물론 훈련을 받았다고 해서 내가 갑자기 '뿅' 하고 변화되는 드라마틱한 마법은 일어나지 않았지만, 나도 모르는 나의 영적인 병들을 말씀에 근거하여 짚어 내고 집중적으로 함께 기도하며 치유할 수 있는 믿음의 처방전을 얻게 되었다.

훈련은 끝났지만 나는 이제 막 중환자실에서 일반 병동으로 이동한 영적 환자일 뿐이다. 그렇지만 나의 병을 알고 거기에 맞는 처방전을 가지고 있어 소망이 있다. 특별히 훈련이 끝나도 같은 공동체에 교사라는 직분으로 함께 모인 동역자들과 한 목자 밑에서 계속해서 통원 치료가 가능하다는 것이 교사 제자훈련의 가장 큰 장점이다.

　　　　　　　　　　　　　　　　3부 교회를 세우는 주일학교 이야기

함께 같은 말씀을 배우고 서로 나누고 기도하며 격려하던 그 시간들이 참으로 충만해 늘 시간 가는 줄 몰랐다. 일주일에 한 번씩 개개인에게 써 주셨던 사랑이 듬뿍 담긴 목사님의 편지를 이제는 받을 수 없게 된다고 생각하니 많이 아쉬울 것 같다.

나도 기도에 빚진 자로서 유년부 어린이들과 다음 교사 제자훈련생들을 위해 계속 중보하겠다.”

이렇게 행복한 교사 제자훈련을 더 많은 분들과 함께하고 싶었다. 그런데 시간이 한정되어 있는 데다 공간마저 부족했고, 연령이 너무 많거나 시간적 여유가 없는 분은 교사 제자훈련생으로 들어오기가 어려웠다. 그래서 마련한 것이 제자훈련 어른 교재 1권에 해당하는 기초 경건생활을 함께 훈련하는 “기초 교사 제자훈련”이었다. 사실 이러한 과정은 제자훈련 전에 실시하는 양육 세미나 과정 즉 제자학교의 과정으로 볼 수 있다. 이러한 기초 제자훈련의 대상과 자격 조건은 다음과 같다.

사랑의교회 교사 기초 제자훈련 규칙

제자훈련 교재 1권 교사 기초 제자훈련
7주 / 매주 토요일 오후 4-6시 / 연령 제한 없음

1) 대상 : 유년부 모든 연령의 모든 교사

(훈련 숙제 없음, 기존에 훈련받은 분도 지원 가능)

2) 목적 : 유년부 교사의 영적 성장을 돕는 과정

3) 지원조건

① 해당 훈련 기간에 6주 과정을 결석 없이 참석 가능한 교사

② 교사 경건 다이어리를 사용하며 설교 실천, 큐티를 열심히 하는 교사

③ 어린이 제자훈련 교사, 다락방 순모임, 팀장으로서 섬길 교사

4) 특이사항

① 어린이 제자훈련 교사인 경우 우선 접수

② 선교, 토요 교사 기도회 참석자 우선 접수

③ 정원 미달 시 위 조건을 고려하여 교역자, 부장 선생님 추천으로 지
원 가능

교사 기초 제자훈련은 훈련 기간도 짧고, 특별히 교사로서 기초 경건생활에 도움을 받고자 하는 교사들이 지원하였다. 특별한 것은 20대 후반부터 50대 후반까지 폭넓은 연령대의 교사들이 가족과 같이 훈련받은 것이다. 참가한 교사들은 6주 과정을 통해서도 점차 작은 변화를 경험했고, 그 변화를 나누고자 했다.

다음은 기초 교사 제자훈련을 받은 교사의 간증이다.

"유년부를 시작하면서 청년부 모임에 서서히 참석하지 않게 되었다. 그렇다고 다른 모임이나 훈련에도 참여하지 않은 채 건조한 신앙생활을 하고 있을 즈음, 교사 기초 제자훈련 소식을 들었다. 평소 퇴근이 늦어 평일에 훈련을 할 수 있는 형편이 아니었기에 반가웠다. 사실 훈련의 필요성을 절실히 느끼면서도 여러 가지 이유로 미뤄 왔다. 게다가 7주 과정이라는 길지 않은 훈련이라 더 마음에 들었다.

훈련을 시작하고 한 주 한 주 지나면서 나는 어느덧 하나님과 나만의 시간을 정해 놓고 말씀을 보고 기도하게 되었고, 놀랍게도 경건의 시간을 통해 주신 말씀을 하루에도 몇 번씩 묵상하고, 삶의 현장에서 실천하려 애쓰고 있었다. 그리고 늘 반복적이고 다를 것 없는 일상이 새롭게 다가왔고 선물로 주신 하루가 정말 소중하게 느껴지며 내 삶의 목적을 분명히 알게 되었다. 그동안 나의 삶에서 하나님은 나의 우선순위가 아니었음을 돌아보고 회개하게 하셨다. 사실 짧다고 느껴질 7주 훈련 과정 속에서 함께하는 선생님들과 서로 말씀을 나누며 위로를 얻었고 하나님과 친밀한 교제를 나누는 선생님들을 보며 질투가 날 만큼 부럽기도 하고 도전이 되기도 했다.”

이러한 교사 제자훈련의 목적은 고(故) 은보 옥한흠 목사님의 목회철학에 따라 주일학교 영역에서도 제자훈련을 통한 영적 재생산이 이루어지게 하는 데 있었다. 하나님의 말씀으로 다음 세대의 어린이들을 예수님의 제자로 삼기 위해 먼저 교사들이 온전한 제자가 되는 일은 주일학교 사역에서 가장 시급하고 중요한 일이다. 기독교 교육의 핵심은 “너는 나를 본받으라”이다. 이렇게 말할 수 있는 모범적인 교사는 다른 교사들에게 도전이 되어 전체 주일학교의 제자훈련 철학을 세우고, 영적으로 성장하며, 부흥을 이루는 유일한 길이기에 교사 제자훈련은 너무나 중요했다.

그리고 2013년 교사 제자훈련을 한 지 3년 만에 사랑의교회 훈련부의 허락을 받아 역사적인 교사 사역훈련을 시작하게 되었다. 3년 동안 교구 집사님들과 사역훈련을 하면서 훈련생들이 더 역동적이며, 실제 영적 리더로서 서 가는 모습을 보며 교사들과도 그러한 훈련을 하고 싶었는데 드디어 시작된 것이다. 현재 교사 순장 세 분과 찬양 인도자 그외 제자훈련을 수료한 교사 13명이 목요일 저녁에 모여 행복한 훈련을 하고 있다.

고 옥한흠 목사님께서 생전에 ‘훈련했을 때가 가장 행복했다’라고 하셨던 말씀이 무슨 의미인지 뼈저리게 느끼고 체험하고 있다.

앞으로 한국교회 주일학교가 교사 제자훈련을 실시하여 더 많은 믿는 자를 전도하여 가르쳐 지키게 하는 주님의 비전이 온전히 이루어지길 간절히 소망한다.

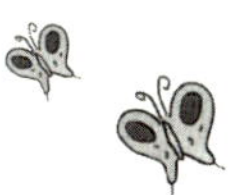

하나님의 말씀으로 다음 세대의 어린이들을
예수님의 제자로 삼기 위해 먼저 교사들이 온전한 제자가 되는 일은
주일학교 사역에서 가장 시급하고 중요한 일이다.
기독교 교육의 핵심은 "너는 나를 본받으라"이다.
이렇게 말할 수 있는 모범적인 교사는 다른 교사들에게 도전이 되어
전체 주일학교의 제자훈련 철학을 세우고, 영적으로 성장하며,
부흥을 이루는 유일한 길이기에 교사 제자훈련은 너무나 중요했다.

경건 다이어리를 통해
더 행복해지실 거예요.

Chapter 11

교사 양육에 대한 열정으로 매주 경건 기도회, 소모임 양육, 일대일 양육으로 전심을 쏟은 결과 교사 제자훈련의 열매가 맺히기 시작했다. 바로 처음 주님이 나를 부르실 때 "믿는 자를 전도하라"는 그 음성이 제자훈련의 과정이 되게 하신 것이다. 아울러 주님은 그 주신 음성을 이루시고자 새로운 열매를 마련하셨으니 그것이 바로 "교사 경건 다이어리"의 출간이다.

이 다이어리는 1999년 1월 1일, 처음으로 하나님 앞에 큐티를 다짐한 이래 노트에 큐티와 일정을 적은 것이 시작이었다. 그 후 사랑의교회에 들어와서 전도사로 사역할 때부터 프랭클린 위클리 다이어리를 애용하기 시작했다.

원래 학부 때부터 행정학을 전공했고, 나름대로 계획적인 것을 좋아하는지라 그전부터 다이어리를 잘 쓰기는 했으나, 하루 일정으로 계획하는 데일리 다이어리는 여러 가지 시도에도 곧잘 실패했다.

그즈음, 성공하는 비즈니스맨들의 필독서인 스티븐 코비의 『성공하는 사람들의 일곱 가지 습관』이라는 책을 읽었다. 그중에 일주일 계획을 세우는 내용이 있었는데, 사람은 이상적인 동물이기에 자기가 하려는 일보다 많은 것을 계획하는 경우가 많고, 하루 동안 일어나는 환경적인 조건(비가 온다거나, 사람의 방문, 스스로의 연약함)을 통제할 수 있는 능력이 없기에 하루 계획은 실패하는 경우가 많다는 것이다. 결국, 하루 계획을 세우는 사람은 나중에 계획을 세우지 않고, 결국은 무계획 속에 살게 되는 경향이 있으므로 일주일 계획을 세우고, 다이어리를 사용하는 것이 얼마나 중요한지 알았다.

이렇게 일주일 계획을 세우고, 다이어리로 말씀과 일정 관리를 하는 것은 개인뿐 아니라 나라의 운명을 바꾸기도 한다.

예를 들어, 선진국과 후진국의 주중 삶의 형태를 보면 후진국은 일주일에 하루 쉬는 주일 개념이 없기에 매일 쉬지 않고 일해도 하루, 아니 이틀을 쉬는 선진국을 역사 속에서 따라잡지 못한다. 즉, 하나님이 세우신 일주일 라이프스타일을 따라 살지 않으면 개인과 민족의 발전은 기대할 수 없다는 것이다.

이러한 깨달음을 통해 나는 매주 다이어리로 일주일 계획을 세

　　　　　　　　　　　3부 교회를 세우는 주일학교 이야기

우는 이성적이며 합리적인 삶을 살 수 있게 되었다.

다음은 교사 경건 다이어리의 항목을 소개하는 글이다.

교사 경건 다이어리의 항목

1) Work : 주중에 앉아서 작업을 하는 일이며, 예를 들어 나의 경우 설교
를 작성하는 것이다.

2) Check : 주중에 해야 할 일 중 전화를 하거나 만나서 그 일이 잘 진행
되는지 확인하고, 부탁하는 일이다. 나의 경우 주보 광고 신청 및 확
인이다.

3) Meeting : 요즘 현대인은 너무나 바빠서 미리 만남을 약속하지 않으
면 만날 수가 없기에 나의 경우 심방 약속을 잡는 일이 여기 속한다.

4) Special Work : 주중의 일은 아니지만 특별하게 소속된 부서 혹은 조
직에서 주어진 일로 일주일 정도 소요되는 일일 경우가 많다. 나의 경
우 교육위원회 일이 여기 속한다.

두 번째로 생활 위주의 항목을 다이어리에 적는 것이다. 예를 들어, 나
는 목회자이기에 크게 경건생활, 개인 할 일, 개인 확인사항으로 나누
었다.

1. 경건생활

1) **기도** : 주중 기도 제목 적기, 이번 주에 특별히 하게 되는 기도의 습관

2) **말씀** : 한 주간 읽고 있는 성경통독 (　　　　) (　　)장

3) **경건서적** : 이번 한 주간 읽을 경건서적 (   )

4) **찬양** : 일주일 동안 부를 찬양 제목

2. 개인 할 일

1) **공부** : 영어 성경

2) **운동** : 일주일 유산소 운동 몇 회 (   )회

3. 개인 확인사항 : 구입할 물건 등

이렇게 일주일을 계획하며 살게 되면 일상생활에서 놓치는 것이 줄어들며, 하나님의 라이프스타일로 매주 설교 말씀과 일주일 일정이 함께 진행되기에 삶에 큰 힘이 되었다. 내가 다이어리를 철저히 쓰고 있는 것을 아신 선생님들이 다이어리를 만들어 달라고 요청해 왔다. 처음엔 솔직히 힘들게 느껴져서 내가 쓰는 다이어리를 보여주며 가까운 서점에 가서 사면 된다고 말씀드렸다. 그러나 서점에 다녀온 선생님들은 다이어리가 비싸다며 부서에서 만들어 주면 안 되냐고 애원을 했다. 여러 교사들의 청을 차마 거절할 수 없어 작은 크기의 다이어리를 만들게 되었다. 그리고 그 다이어리의 이름을 놓고 여러 가지로 고민했다. 특별히 경건의 삶을 나타내고, 안 믿는 분들이 보더라도 좀 더 세련되고, 세계적인 이름으로 무엇이 좋을까? 고민하다가 영어를 잘하는 교사에게 영어식 이름을 짓도록 부탁드렸다.

그분이 "홀리 데이즈"라는 이름을 지어 주면서, 끝에 데이즈라고 하면 다이어리라는 의미가 있다고 했다. 한국식으로 말하면 "거룩한 나날들"이라는 뜻이다. 그 이름을 듣고 참으로 기뻤다. 당장 그 이름으로 쓰기로 했고, 늘 그랬듯이 다이어리 앞면에 사역의 근거 말씀인 사도행전 17장 11절을 넣었다.

"베뢰아에 있는 사람들은 데살로니가에 있는 사람들보다 더 너그러워서 간절한 마음으로 말씀을 받고 이것이 그러한가 하여 날마다 성경을 상고하므로." 날마다 성경을 보고, 그 말씀이 자신에 삶에 매일 적용한 베뢰아 사람처럼 '거룩한 나날들'을 만들자는 근거 말씀이다. 그리고 뒷면에는 신명기 8장 3절의 말씀을 넣었다.

"너를 낮추시며 너를 주리게 하시며 또 너도 알지 못하며 네 조상들도 알지 못하던 만나를 네게 먹이신 것은 사람이 떡으로만 사는 것이 아니요 여호와의 입에서 나오는 모든 말씀으로 사는 줄을 네가 알게 하려 하심이니라."

이 말씀은 당시 만나 사건과 관련된 것으로 우리가 매일 밥을 먹듯이 하늘의 양식인 만나인 말씀을 매일 먹고, 그대로 순종하는 삶을 살아야 한다는 말씀이다. 이는 처음 소명받을 때 받은 음성인 "믿는 자를 전도하라"를 이루는 과정임을 확신하게 되었다.

처음에는 만드는 데 의의를 두고, 인쇄비를 줄이고자 아주 작은 사이즈로 만들어 1년을 사용해 봤는데 다이어리가 너무 작아 여러 가지로 불편하다는 피드백이 있었다. 그래서 그다음 해 더 큰 사이즈로 만들게 되었다. 점점 다이어리를 사용하는 교사들이 많아졌다.

그해 봄에 한 부부가 나를 찾아왔다. 남편 되시는 분은 유년부 남자 교사였고, 아내는 우리 교회 훈련부 담당 간사님이었다. "목사님, 저희 부부에게 좋은 권면의 말씀을 해주세요. 어떻게 해야 부부생활이 더 행복해질까요?" 그 질문에 나는 1초의 주저함 없이 이렇게 말했다. "이 다이어리를 사용하면 부부생활에 크게 도움이 되고, 더 행복해지실 거예요." 그 대답을 들은 부부는 그 자리에서 다이어리 사용 방법을 배워 갔다. 그리고 특별히 아내인 그 자매는 열심히 다이어리를 사용하며 설교 실천과 더불어 주간 일정을 함께 적용하고, 매일 큐티와 일정을 함께 잘 진행해 나갔다.

하루는 그 자매가 교회 훈련부에서 다이어리를 펴놓고 일정을 점검하고 있을 때, 지나가시던 훈련부 담당 전도사님이 보시고 다이어리에 대해 묻게 되었다. 자매는 그동안의 과정을 말씀드렸다. 훈련부 담당 전도사님은 콘텐츠와 이름이 마음에 든다며, 훈련부에서 사용하면 좋을 것 같다고 요청하셨다. 나는 흔쾌히 허락을 하였다. 그렇게 교사들이 사용한 경건 다이어리는 사랑의교회 전 훈련생이 쓰게 되었고, 그러자 여기저기서 이 다이어리가 좋으니 출판하는 것이 어떻겠냐고 문의가 들어와, 마침내 하나님의 은혜로 다이어리를 출판하게 되었다.

많은 선생님들이 교사 경건 다이어리를 통하여 설교, 큐티 말씀을 주간과 매일의 삶에 구체적으로 적용하면서 놀라운 변화를 경험하였고, 다음과 같은 유익이 있었다고 말해 주었다.

1) 다이어리를 볼 때마다 매주 설교와 매일 큐티 말씀을 기억하고 묵상하게 된다.
2) 매일 신앙 일기를 쓰는 효과가 있어서 영적 상태를 돌아보고 신앙이 성장하는 과정을 볼 수 있다.
3) 다이어리에 적어 놓은 말씀은 미리 인쇄되어 있거나 주어진 말씀과 달리 스스로 선택한 말씀이므로 실천에 대한 의지가 보다

강하다.

4) 주일 말씀은 한 주간을 큰 그림으로, 매일 큐티는 하루의 삶을 디테일하게 그려 나가게 되어 꽉 찬 삶을 살 수 있게 된다.

5) 설교, 큐티 말씀을 그저 읽고 끝나는 것이 아니라 기록함으로 머릿속에 더욱 각인시키게 되고, 평가함으로 다시 한 번 하루와 일주일을 점검하여 더 나은 방향으로 삶이 변화된다.

6) 하루를 미리 준비하다 보니 일상이 흐트러지지 않고 정돈이 된다. 즉, 시간을 알차게 사용하게 된다.

7) 주님이 내 안에 거하고 계시다는 안도와 신뢰가 있어 하루 종일 마음이 기쁘고 풍요롭다.

8) 생활 속 미팅에 대한 말씀 적용을 통해 인간관계 속에서 감정을 조절하는 힘을 갖게 되어 이전보다 훨씬 온유함을 누리며 행복하게 된다.

다음은 다이어리를 사용하면서 삶의 변화를 경험한 선생님과 어린이들의 간증이다.

"다이어리는 제게 영적 샤워입니다_ 지금 저는 20대 후반에 접어들고 있습니다. 큐티를 하기 전에는 신앙의 슬럼프가 많았어요. 제 꿈은 세상의 해피 바이러스가 되어 항상 행복을 전하는 것인데 참 그게 쉽지가 않았어요. 사람들 말이나 회사나 가정에서 부딪히는 문제들이 저에게 너무나 큰 고난이었는데, 그때마다 저는 영적 슬럼프를 겪었어요. 그런데 큐티 다이어리를 사용하기 시작하면서 그 슬럼프가 점점 줄어들지 않았나 생각합니다. 그래서 저에게는 큰 역할을 해주고 있는 든든한 경건 다이어리이죠.

또 지금 제가 회사생활을 하는 가운데 있는데, 얼마 전 출장을 가다가 '내가 정말 잘 살고 있나?'라는 생각이 들었어요. 세상이 말하는 기준과 제가 생각했던 기준이 차이가 있다는 사실을 느끼며 '정말 세상의 빛과 소금은 뭘까?'라는 생각이 들었어요. 그때 다이어리를 펼쳤더니, 저에게 주신 하나님 말씀이 '섬겨라'였어요.

그 '섬겨라'는 말씀이 제가 또 한 번 세상의 빛과 소금으로 나갈 수 있는 원동력 역할을 해주지 않았나 싶습니다. 20대에는 우리가 너무 많은 고민을 하죠. 저도 또한 많이 하고 있고, 걱정 근심이 너무 많은 것 같아요. 그런데 그 20대 때에 경건 다이어리를 활용한다면 다시금 일어설 수 있고, 또한 자신이 고민하고 있는 문제를 해결할 수 있습니다.

그런 의미에서 경건 다이어리는 저에게 샤워입니다. 왜냐하면 매일매일 말씀으로 새로워질 수 있기 때문이에요. 샤워를 하지 않으면 너무 찝찝하지요. 큐티를 하지 않으면 너무 찝찝하고 그 하루를 어떻게 맞이할지 고민이 될 것 같아요. 그래서 경건 다이어리는 저에게 너무나 필요합니다." -20대 교사-

"믿음의 가장으로 온전히 서게 하는 경건 다이어리_ 일단 제가 경건 다이어리를 쓰기 시작한 다음부터는 신앙인으로서 이 세상을 살아가는 확고한 방향이 설정된 것 같아요. 날마다 말씀을 받고 제가 기록한 내용들이 하루의 삶과 연동이 되거든요. 제가 하루 동안 해야 할 일들과 말씀을 구체적으로 적용하게 되면서 날마다 제가 나아가야 할 방향들이 결정이 되더라고요. 또 하루하루 그 말씀들이 기대가 되어 큐티 말씀이 제 삶에 많은 영향을 끼치는 것 같습니다.

저는 40대 가장입니다. 40대는 가정 안에서 믿음의 가장으로 올바르게 서야 되고, 세상 안에서나 직장 안에서도 분명한 영향을 끼쳐야 될 나이라고 보거든요. 말씀은 우리가 세상 안에서 선한 영향력을 끼칠 수 있도록 분명한 방향들을 제시해 줍니다. 날마다 구체적으로 주시는 말씀 때문에 방향을 찾아갈 수 있고 가정과 직장 안에서 적용할 수 있습니다. 따라서 40대들이 경건 다이어리를 통해 큐티 활동을 함으로써 세상 속에서 충분한 영향력을 끼칠 수 있으리라 믿습니다."

−40대 교사−

"말씀대로 살 수 있어 참 좋은 다이어리_ 제가 다이어리를 그전에는 안 썼었어요. 그리고 우리 나이에 다이어리 쓰는 것이 그렇게 쉽지는 않거든요. 익숙하지도 않고요. 유년부에서 다이어리를 쓰게 되면서 일주일을 계획할 수 있게 되었어요. 자꾸 잊어버리게 되고, 무엇을 계획했는지 자기점검이 되지 않았었는데, 다이어리를 쓰면서 자기점검이 될 뿐만 아니라 계획을 할 수 있어서 너무 좋았어요. 그리고 그 날 주신 말씀을 적용할 수 있으니까, 참 좋은 것 같습니다. 이 다이어 리를 쓰게 되면서 기억력도 회복되었습니다. 말씀은 빨강색, 적용은 검정색, 나의 점검은 파란색 펜을 사용하니까 내가 오늘 무엇을 계획 했는지 알게 되고 그 말씀대로 살 수 있어서 참 좋은 것 같습니다."

-50대 교사-

"경건 다이어리는 나에게 전화기예요_ 1년 전에는, 큐티 말씀으로 기도만 하고 끝냈었는데 다이어리를 사용하고 나서는 학교에서 친 구들과 놀 때, 공부할 때 항상 말씀 생각이 나서 말씀을 적용하게 되 어 친구 관계가 더욱더 좋아졌어요. 아침마다 큐티 말씀을 거의 생각 하지 않는 아이들이 있어요. 그래서 오히려 큐티 말씀을 놓치고 그냥 학교에 가서 '아차! 큐티를 안했다' 하고 깨닫게 되는데 전날 밤에 다 이어리를 쓰면 그다음 날 일어나면 꼭 생각이 나게 되거든요. 그러면 엄마와 함께 말씀을 나누고 오히려 그 말씀 때문에 엄마에게 순종하 게 되더라고요. 짜증을 내고 아침마다 큐티를 안하는 친구들이 경건 다이어리를 쓰면 좋을 것 같아요.

경건 다이어리를 쓰면서 하나님과 더욱 가까워진 것 같고요, 적용 말 씀을 딱 적용하고 나면 하나님께서 저에게 은사를 주시고 기도를 하 고 나면 하나님께서 음성을 주셔서 '이렇게 해라' 하고 말씀하세요. 그리고 그것을 실천하게 되면 하나님께서 기뻐하셔서 또 다른 축복

3부 교회를 세우는 주일학교 이야기

을 주셔서 워십도 잘하게 되고 찬양도 잘 부르게 된 것 같아요.
그래서 저에게 경건 다이어리는 전화기라고 생각해요. 하나님과 저
는 멀리 떨어져 있으니까 전화를 하기 불편해요. 그래서 다이어리를
통해 적용된 말씀으로 기도를 하면 하나님과 연락할 수 있어요.”
-어린이-

이렇게 교사 경건 다이어리를 통하여 많은 분들에게 '말씀을 가
르쳐 지키게' 하였다. '믿는 자를 전도하라'는 그 작고 세밀한 음성
이 이제 앞으로 삶을 거룩한 나날로 채우려는 많은 믿는 자를 만들
어 가고 있는 것이다.

모든 믿는 자들이 주님이 쓰신 역사 'His-Story'인 매주 설교 말
씀과 큐티 말씀을 다이어리의 일정과 더불어 적용하여, 자신의 이야
기 'My-Story'인 삶의 간증을 써 나가, 믿는 자를 전도하는 이 시대
하나님의 위대한 주인공이 되길 간절히 소망하며 기도한다.

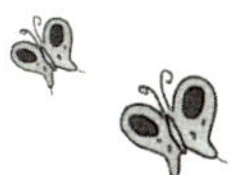

"베뢰아에 있는 사람들은 데살로니가에 있는 사람들보다
더 너그러워서 간절한 마음으로 말씀을 받고 이것이 그러한가 하여
날마다 성경을 상고하므로." 날마다 성경을 보고,
그 말씀이 자신에 삶에 매일 적용한 베뢰아 사람처럼
'거룩한 나날들'을 만들자는 근거 말씀이다.

구약 성경을 읽다 보면 '사사기'가 나온다. 그런데 왠지 '사사기'를 읽으면 무겁고 힘든 느낌이 든다. 실수와 문제가 많았던 사사들의 모습을 보며 절망감마저 들기도 한다. 하지만 '사사기'의 다음 세대를 이끈 사무엘은 이와는 정반대로 그 시대의 소망이 된 것을 보게 된다. 사무엘은 어려서부터 기도로 태어난 아이였으며, 무엇보다 주의 음성을 듣고, 그 말씀에 철저히 순종하였다. 그러기에 '사사기'의 불행을 뛰어넘어 이스라엘 국가를 완성하며, 선지자직, 제사장직, 왕직을 역사상 가장 잘 수행한 민족의 지도자가 된 것이다. 그 모든 것이 바로 하나님의 세밀한 음성에 귀 기울인 이후로 이루어진 것이다.

나 또한 그렇다. 소명을 받을 때 들은 세밀한 음성인 "너는 믿는 자를 전도하라"는 음성이 지금의 나를 만들고, 믿는 자를 전도하는 사역을 하게 되는 계기가 되었다. 그리고 그러한 음성은 점점 믿는 자를 전도하는 과정으로 날 이끌어 주셨다.

2007년 여름, 사역을 마치고 운전을 하며 집으로 가는 중 강하게 내 가슴을 치는 주의 음성을 들었다. "땅끝으로 나아가라." 처음 그 음성을 듣고, 깜짝 놀랐다. 그리고 울면서 하나님 앞에 기도했다. "주님, 전 이곳 사랑의교회가 너무 좋아서 떠날 수 없습니다." 그러나 그 강력한 음성은 계속 내게 들렸고, 그 음성을 무시할 수 없어 그해 여름 기도원에 올라가 기도하다가 이렇게 고백했다. "그럼 주님, 제가 땅끝이라고 생각되는 미국 유학의 길을 가겠습니다. 하지만 2009년에 가도록 하겠습니다."

그해 가을이 되자 갑자기 교회에서 선교회를 맡으라고 하셨다. 이미 유학 계획이 있던 나는 그 선교회를 장기적으로 맡지 못할 것 같다고 말씀드리자, 하나님께서 여러 가지로 상황을 바꾸어 놓으시더니 나의 의지와 상관없이 유학을 가게 하셨다. 갑자기 2008년 어린이 주일학교 팀장이 되면서, 그해 미국 교회 탐방의 기회를 주신 것이다. 그때 하나님께서는 나를 미국에 보내셔서 나에게 꼭 필요했던 주일학교 교육 철학과 운영을 배우게 하시며 믿는 자를 전도하는 비전을 가지게 하셨다.

2010년 강원도 임계에 선교를 갔을 때였다. 오후에 한 선생님께서 방금 온 어린이가 다른 친구들을 데리고 오고 싶어 하는데 내게 차를 운전해 줄 수 있는지 물어보셨다. 나는 흔쾌히 차에 선생님과 그 아이를 태우고, 교회에서 다소 멀리 떨어진 산간 마을에 가게 되었다. 선생님과 아이를 내려 주고 차를 주차하고 나왔더니 선생님과

   에필로그

아이가 이미 시야에서 보이지 않았다. 할 수 없이 차로 다시 돌아와 다른 친구들이 더 많이 오길 기도하고 있었다. 그런데 그때 하나님께서 이러한 음성을 주셨다. "재윤아, 너와 교사 선교팀이 집에서 멀리 떨어져 이곳 산간까지 온 것을 내가 다 지켜보고 있단다. 집에서 멀리 떨어진 만큼 내가 너와 너의 선교팀의 지경을 넓혀 주리라." 그 음성을 듣고, 기뻐서 함께 온 임계 선교팀과 은혜를 나누었고 다음 해 선교를 기대하게 되었다.

하나님은 약속하신 대로 2011년에 갑자기 말레이시아 선교를 하게 하셨다. 어린이 선교 사역을 와 달라는 간절한 요청에 응하여 그곳에 가서 현지 사역자와 교사들에게 믿는 자를 전도하는 설교, 큐티 실천에 대한 내용을 영어통역으로 강의하고, 2012년에는 실습까지 하였다. 그리고 하나님께서는 2011년에 다이어리 출판을 통해 교회 안의 더 많은 사람들이 진정으로 믿는 자가 되도록 더 크게 일으키셨고, 이제는 나를 대신하여 수많은 교사와 어린이, 학부모가 믿는 자를 전도하는 일을 하게 하셨다.

지금은 최첨단 스마트폰으로 어른 성도들뿐 아니라 주일학교 어린이들까지 세상의 문화와 가치관으로 쉽게 물드는 영적 사사기와 같은 시대이다. 교회를 다녀도 세상 문화에 쉽게 노출되어 제대로 믿기 힘든 때이다. 또한 너무나 분주한 가운데 자신의 신앙의 정체성을 잃고 표류하는 시대이기도 하다. 이럴 때 우리는 어린 사무엘처럼 주의 음성에 귀 기울여 지금도 믿는 자를 열심히 전도하는 그 주님의 지상명령_(마 28:19-20)에 입각하여 믿는 자를 가르쳐 지키게 하는 사명을 감당해야 한다. 특별히 다음 세대의 양육에 실패한 사사기 때, 어느 때보다 어둡고 힘든 역사가 진행된 것을 상기한다. 그러므로 우리에게는 어린이들을 말씀을 지키는 예수님의 제자로 세우는 일이 가장 시급하다.

우리는 먼저 하나님 앞에 한가한 시간을 가지고, 명백한 주의 음성인 설교 말씀과 큐티 말씀을 묵상해야 한다. 그리고 그 말씀에 입각하여 기도한 후 어린 사무엘처럼 "주님, 이제 제게 말씀해 주소서. 주의 종이 듣고 순종하겠나이다"라고 말하며 기다리는 것이다.

그러면 지금도 역사하시는 주님께서 사무엘처럼 세밀한 음성을 주시고 믿는 자를 전도하는 놀라운 사명을 주신다. 주께서 사명을 주실 때 우리는 어린 사무엘처럼 조용히 이렇게 고백해야 한다.

"주님, 이제 제게도 말씀해 주소서. 주의 종이 듣고 순종하겠나이다."

이 책을 통해 많은 사람들이 하나님의 세밀한 음성을 듣고, 하나님 안에서 새로운 도전을 감행하여, 앞으로의 삶에 주의 크신 역사를 기대하고, 그 풍성한 역사를 나누는 "또 한 명의 믿는 자를 전도하게" 되길 주의 이름으로 축복하며 이 글을 마친다.

국제제자훈련원은 건강한 교회를 꿈꾸는 목회의 동반자로서 제자 삼는 사역을 중심으로
성경적 목회 모델을 제시함으로 세계 교회를 섬기는 전문 사역 기관입니다.

어린이, 교사, 학부모를 깨우는

하하호호 꿈을 심는 주일학교 이야기

초판 1쇄 발행 2013년 6월 25일
초판 5쇄 발행 2016년 6월 29일

지은이 최재윤

펴낸이 박주성
펴낸곳 국제제자훈련원
등록번호 제2013-000170호(2013년 9월 25일)
주소 서울시 서초구 효령로68길 98(서초동)
전화 02)3489-4300　**팩스** 02)3489-4329
이메일 dmipress@sarang.org

저작권자 (C) 최재윤, 2013, *Printed in Korea*.
이 책은 저작권법에 의해 보호를 받는 저작물이므로 저자와 출판사의 허락 없이
내용의 일부를 인용하거나 발췌하는 것을 금합니다.

ISBN 978-89-5731-619-1　　03230

※ 책값은 뒤표지에 있습니다. 잘못된 책은 구입하신 곳에서 교환해드립니다.